本书获北京市教育委员会社科计划项目资助



SHEHUI GONGZUO DUDAO
SHIWU SHOUCE

# 社会工作督导实务手册

赵静 编著

中国社会出版社
国家一级出版社 · 全国百佳图书出版单位

**图书在版编目（CIP）数据**

社会工作督导实务手册／赵静编著．—北京：中国社会出版社，2019.4（2021.12 重印）

ISBN 978-7-5087-6137-4

Ⅰ.①社…　Ⅱ.①赵…　Ⅲ.①社会工作—监督—手册
Ⅳ.①C916.2-62

中国版本图书馆 CIP 数据核字（2019）第 055147 号

---

书　　名：社会工作督导实务手册
编 著 者：赵　静

---

出 版 人：浦善新
终 审 人：胡晓明
责任编辑：孙武斌

---

出版发行：中国社会出版社　邮政编码：100032
通联方式：北京市西城区二龙路甲 33 号
电　　话：编辑室：（010）58124839
　　　　　销售部：（010）58124841
　　　　　　　　　（010）58124842
网　　址：www.shcbs.com.cn
　　　　　shcbs.mca.gov.cn
经　　销：各地新华书店

中国社会出版社天猫旗舰店

---

印刷装订：中国电影出版社印刷厂
开　　本：170mm×240mm　1/16
印　　张：14
字　　数：230 千字
版　　次：2019 年 5 月第 1 版
印　　次：2021 年 12 月第 2 次印刷
定　　价：45.00 元

中国社会出版社微信公众号

# 目　　录

# 第一章 社会工作督导概论

## 第一节 督导的起源和发展

### 一、社会工作督导的起源

督导是一个“舶来品”，因此要分析我国的社会工作督导，就必然先从国外说起。

督导一词源自拉丁语的 super（遍及）和 viders（查看）。督导人员往往被定义为监督者，要对他人的工作质量负责。因此，督导的定义最初是从其行政功能入手的。社会工作实践的历史揭示了社会工作督导根源于它的行政功能。

通常人们将“苏格拉底式谈话”、基督教中的忏悔、手工业和商业行会中的行业自律和自我监督、英国的学生导师制、司法的复审诉讼程序等理解为督导最初的前身。社会工作领域的督导最初出现于 1878 年的美国（张威，2015）。今天意义上的督导起源于 19 世纪的慈善组织会社运动（COS）。其中负责对救济对象进行入户服务的“友善访问员”是社会工作人员的前身。在福利组织协会中，少数的专职社会工作人员（即督导人员）对当时走访贫民窟穷人的友好访问员进行动员、组织、帮助和监督，这便是督导最初的形式（Paris，Wallnöfer，1992）。

1880 年，美国社会工作者 Mary Richmond 创立了一种做法：每星期组织一次讨论，让社会工作者们谈论一下那些较难处理的案主或案例。在讨论中很快就发现这些社会工作者与案主之间有许多类似的问题。在督导会谈之后，他们感觉自己不再孤单。之后，逐渐形成了一套如何与案主工作的体系。但是在慈善组织机构中提供直接服务的访问员承接个案工作的能力有限，再加上作为志愿者的高流失率，机构只得不断招募、培训和指导新的访问员，而这项任务就落在了“拿薪水的工作员”身上，这些拿薪水的工作员就是现代督导的前身。督导的支持性功能也随着访问员受挫情况的出现而产生，但是“整个世纪管理性督导仍然是社工领域督导的主要形式”（徐明心，1998），这是督导的起源阶段。

在早期的COS年代，关于社会工作督导中哪个功能占主要地位存在着许多争论。一些学者指出社会工作领域的督导从教育开始，而其他的人则认为社会工作督导始于管理功能。Kuizik观察发现，虽然访问员没有接受过专业训练，但是他们是社会的上层。COS社会工作人员之间的习惯是咨询而非督导，而机构本身平等主义的性质也使行政督导的科层关系难以建立。直到雇用中产阶级或劳动阶级担任访问员开始，由于机构需要维持稳定的访问人员，督导成为服务机构的高层管理，以确保行政责任。在这样的历史脉络下，督导最初有可能是以行政而非教育或支持的功能出现。Kadushin通过分析对当年拿薪金的工作员督导活动的记述，发现行政性督导与教育性督导历史悠久、源远流长。尽管如此，资深员工的主要职责仍然是方案规划、分派工作给志愿者、评估服务输送的结果等行政督导。因此，早期社会工作专业主要的督导模式还是行政督导。这种模式一直持续贯穿20世纪。

1900年，在纽约哥伦比亚大学的社会工作学校，出现了第一批督导培训班，Mary Richmond创立的个案工作方法常在该培训班中使用。19世纪末，在英国伦敦的一个贫民窟里，大学生们与伦敦牧师Barnett一起，为那里的贫民工作（Belardi，1998）。每到晚上，这些大学生满脑子充斥着各种各样的问题，他们不停地思考第二天或下一次该怎么做。于是Barnett开始为大学生们提供帮助性谈话，他称之为“四只眼睛的谈话”，即单独会谈。

1911年，在Mary Richmond所领导的Russell Sage基金会的慈善组织部的支持下，首次开设了实习督导课程。20世纪20年代，社会工作人员的训练地点从服务机构转移到大学，督导成为学习社工实务必修的价值观、知识和技巧的教育过程。

1920年，在德国慕尼黑的社会妇女学校，人们也开始进行社会工作实践的讨论。在德国耶拿的福利学校，这种实际工作分析通常在小组讨论中进行，讨论时间一般为4小时。

1935年，随着美国社会工作教育协会的成立，督导的教育功能开始凸显。但是以机构为本的督导并没有消失，而是同时出现了两个方面的督导工作：一是机构内对员工的督导；二是对社会工作学生的督导。

1936年，Virginia Robinson出版了第一本有关社会工作督导的书《社会工作督导》。在此阶段，社会工作者的专业发展成为社会工作督导的主要目的。

在德国，由于民族社会主义的原因，督导的发展停滞了大约30年。直到1950年，督导一词在德语范畴内才被确定为概念。在德国1955—1975年间，一方面福利学校开始为学生提供督导，即实际工作指导；另一方面社会工作者开始获得督导作为继续教育，即实际工作咨询。1964年出现第一批督导人员培训班。20世纪70年代出现了其他培训方式：自由型继续教育机构、私有研究所以及大学硕士教育。到1989年底，各种不同的督导教育和培训机构联合组成“德国督导协会”（Kreft，Mielenz，2005）。目前有大约40个教育（培训）机构属于该协会机构成员，如继续教育学院、非营利组织、心理治疗领域的自由型研究所和大学。德国督导协会在2005年有3600多个个人成员。该协会发行信息杂志，组织专业研讨会并监督管理督导的培训标准。该协会推荐非营利组织只聘用德国督导协会的成员做督导工作。该协会成员中大约20%是自由职业者，主要依靠督导收入生活。其余大多数督导人员兼职从事督导工作，他们很多人在社会服务领域中担任其他专职工作。

督导的理论流派主要来自助人工作/心理治疗的各种流派，因此按照理论流派，督导可分为精神分析、完型治疗、非指导性、系统性以及其他流派。督导师在督导时很少纯粹使用单一一种理论流派。大多情况下，督导师先学习一种流派，根据工作岗位需要以及能否获得培训机会，再陆续学习其他流派。理想的督导师是经过专业培训并有5—10年工作经验的社会工作者。按照经验，大多数社会工作者是在团队中工作的，因此督导师也必须了解有关团队的知识。在组织或机构中，团队依据政治性和法律性委托开展工作，因此督导师也必须了解政策与组织等方面的知识。

督导研究者Belardi认为，德语范畴的督导理论和职业化水平在全世界是最领先的（Belardi，2005）。除了德国督导协会，心理治疗领域的专业联合会也提供督导方面的培训，比如德国心理工作者职业联合会 、科学性会谈心理治疗协会 。

在美国，督导仍然以传统形式与社会福利组织紧密相连（也经常以“上司督导”的形式出现）。此外，在美国，督导理论的心理治疗化程度有所增加。当然，美国对督导的经验性探索比欧洲要超前许多（Belardi，1994）。

20世纪30年代以来，美国（主要是移民至美国的德国人）将心理学的心理动力视角尤其是精神分析引入督导领域。后来，随着社会心理学的兴起，小组—团队的视角也加入进来。近几年，督导也融入了系统性观点和组织/机构知识。目前，在德国、荷兰、挪威、瑞典、瑞士、奥地利，这些内容都属于督导的理论基础，或者说，督导已将所有这些理论视角都融入进来。在美国，20世纪30年代以来，督导在精神分析和社会学方面被加以补充。

20世纪20年代以前，美国社会工作界并没有讨论社会工作督导的文献。而督导一词最初是指对项目和机构的督导，而不是对项目内社会工作者的督导。第一次将督导作为书名的作者是Jeffrey与Brackett，他们在1904年出版的《慈善中的督导和教育》一书中指出，督导是由公共委员会对福利机构和组织所进行的督导。到了1929年，在Milford会议的报告中则提到督导的作用。此后不断有作者发表这个领域的相关文献。比如，Virginia Robinson的《社会工作督导》，Bertha Reynold的《社会工作实践中的学与教》，Charlottee Towle的《人的一般需求》与《专业教育入门》等。自20世纪70年代以来，关于社会工作教育与督导的书籍有了明显增加。

总之，美国社会工作督导是随着慈善事业产生而形成的，并随着社会工作实践和社会工作教育的发展而变化，也随着社会学和心理学等理论的发展而走向专业化。可见，美国社会工作实践的环境与社会工作专业化的过程“形塑”了社会工作督导的历史。

## 二、历史发展的五个阶段

到20世纪80年代，随着管理主义日渐盛行，政府或社会服务组织越来越要求组织应确保资金的使用符合“成本效益”。由此，为了给案主提供既有效果又有效率的服务，服务组织的督导及整个专业再次开始强调督导的行政功能。从《社会工作百科全书》对社会工作督导的定义可以看到，在1965年版中社会工作督导被定义为教育的过程，而在接下来的三个版本中，社会工作督导的定义就具有行政取向了。

从督导最初的形式来看，督导的内容和性质是从“行政性督导”开始的。徐明心将社会工作督导的历史发展分为五个阶段：从行政管理起家的社会工作督导，转移到教育功能的社会工作督导，受实务理论及方法影响的治疗取向的督导，处于与自主性实务工作之间争议时期的督导，再次回归行政管理的督导。

**第一阶段：从行政管理起家的社会工作督导（1878—1910 年）**

这一阶段资深员工的主要职责是行政督导，比如方案规划、分派工作给志愿者、评估服务输送的结果，并且督导也对遭受挫折的访问员提供情绪支持。可见，早期社会工作专业的主要督导模式是行政管理督导，并且一直贯穿于整个 20 世纪。

**第二阶段：社会工作督导脉络向教育功能的转变（1911—1945 年）**

本阶段开启了正规的社会工作教育，一些大学正式讲授社会工作教育的课程，专门的社会工作学校承担着为社会工作专业培养督导的主要任务。20 世纪 20 年代，社会工作训练由机构转移至大学，实习督导成为正规教育课程，学生的个别督导则成为日后督导普遍采用的形式。在很长一段时间中，学生督导与员工督导被视为相同的概念。直至 20 世纪 80 年代，学者才开始认识到两者在理念、方法与实务上的差异，这些差异包括目的与使命、活动、时序观念、着眼点、激励行为及监察方法等。比如，学生督导是纯粹的教育过程，学生从中学会理论与实践的结合，并为将来工作做好准备；而员工督导则包含行政问责的部分，员工通过督导向机构与案主负责。

**第三阶段：实务理论与方法的影响（1930—1950 年）**

从 20 世纪 30 年代开始，受精神分析理论的影响，督导过程被视为由督导师为员工进行的治疗历程。依照精神分析的概念，社会工作者深信自己对案主的思想、感情及行为会受到潜意识的影响。相应地，督导被视作督导师为社会工作者提供精神分析的过程，以此提升社会工作者的自觉，这也是督导的个人化与情绪支持的原因。直到 20 世纪 50 年代，个案工作对督导的形式及结构仍有巨大的影响，部分督导师甚至将督导看作一线社会工作实务的平行过程。其中，“督导师—员工”的双向关系、督导过程内容的保密等影响至今仍在起作用。不过，这种特殊的督导方法引起了很多社会工作者的反感，如“个案工作者是案主”的做法就侵犯了社会工作者的隐私。其实，个案工作的介入与个人督导是不同的，前者的主要目的是提升案主的个人成长、能力建设及社会功能，社会工作者为达到这些目的应进行社会心理诊断；后者的主要目的是提升专业成长、促使员工获得稳定的专业身份认同等，为此，督导必须进行教育评估与引领员工发展。

**第四阶段：无休止的督导与专业自主的争论（1956—1970 年）**

早期的社会工作督导是监控志愿者的一种方法，稍后则演变为在大学成立正规的社会工作训练课程，其中包括实习督导。其后再引进精神分析概念，把督导转化为一个治疗过程，督导也变成一线社会工作者的终身学习过程。直到 20 世纪 50 年代，有人开始怀疑“持续的冗长的社会工作督导对于受过专业训练的社会工作者的价值和必要性”之时，则开始了专业自主权（如“独立执业”与迈向实务自主运动）与无休止的督导（如“持续学习”与情绪支持）的争论。由此，督导的治疗色彩日渐消退。之后，1956 年美国社会工作者协会成立，社会工作迈向成熟的专业阶段。因专业自主性及持续学习被认为是良好的专业发展的两大表征，部分社会工作者认为数年的专业实践之后，应摆脱无休止的督导并且应具有一定的专业自主性。

**第五阶段：重返行政问责的年代（1980—1995）**

自 20 世纪 80 年代管理主义与专业主义抬头，服务机构必须向政府、捐赠者、公众及案主保证善用资源，以达到“成本效益”的指标。而资源分配与资助金额的多少也取决于服务的成效及效率。相应地，服务品质也由资助者（如第三方专业机构）与案主评定。这样，政府和机构十分重视成本、效益和问责，机构的督导师甚至整个专业便重拾了督导的行政功能，强调的是工作绩效、任务导向、标准化、文书化、消费主义及成本概念，以此提高服务机构的品质与生产力。这样，社会工作者与案主之间则变成了一种处理（行政）事务的关系而非生命改变的关系，社会工作者也变为了“不忠的天使”。之后，督导对教育功能与管理功能的重视逐渐有糅合的趋势。新近社会工作督导的历程尚未找到较为合适的总结。

从社会工作督导的历史渊源及发展历程中，可以看到：社会工作督导从最初起源于机构工作者的管理，又回到其管理取向，具有很深的行政渊源；而在发展过程中，社会工作督导深受社会工作专业发展的影响。

今天，在社会工作和心理咨询与治疗领域中，接受督导已经成为一种必须履行的义务。有些国家甚至通过立法的形式，对督导进行法律性规定，比如欧洲的很多国家和美国。此外，很多研究所和大学开设了硕士专业，专门培养硕士学位的督导人员，但参加培训者必须是有过多年工作经验的社会工作者或心理工作者。在德国有德国督导师联合会，在欧洲有欧洲督导师联合会，两个联合会共有成员 6000 多人（Kreft，Mielenz，2005）。在欧洲已形成一个督导领域的联合会，即欧洲国家督导组织联合会（ANSE），它也为东欧建设和南欧建设提供帮助。在法国、意大利和西班牙，督导还没有发展到德国这种理论和职业化程度。在英国和爱尔兰，督导主要在大学中作为教育督导在学生实习时被运用，这种督导与实习工作机构联系紧密，可被称为实习督导。在英国、爱尔兰和美国，督导的自由职业化程度不像在德语国家这么高。

## 第二节　督导的含义

督导一词在社会工作领域中有两种词性，一种是动词，一种是名词。当它作为动词出现的时候，是指督导的工作、行为、活动、过程等。当它作为名词出现时有两种情况，一种情况指的是督导工作的主体，即从事督导工作的人；另一种情况是指督导工作本身，如“我今天为社工做督导”一句中的“督导”是名词，指督导工作本身。

对于很多社会工作者、心理工作者和精神疾病工作者来说，督导已成为工作过程中必要的环节，接受督导已经成为一种必须履行的义务。目前在我国一些高校，社会工作、临床心理学或咨询心理学方向的研究生培养项目中，会要求学生接受固定时数的督导，或者修读督导课程。

在德国，督导是指针对社会福利与保障事业、社会服务、卫生事业和教育领域的专业人员所进行的咨询和继续教育。督导的核心是一种自我反思过程和他人反思过程，这一过程的焦点不是“方法—技术”层面，而是“交流—关系”层面。在儿童与青少年专业工作领域中，督导已被公认为一种对专业人员进行咨询和继续教育的方法。在精神病学领域已作出规定：要求该领域的专业工作人员必须定期接受督导。在某些心理社会服务领域，专业工作人员不仅必须定期接受督导，而且亦有财政资助保障督导的实施（Belardi，1998）。

## 一、社会工作督导的定义

我国较早的社会工作书籍中这样定义督导：社会工作督导是社会工作间接服务方法的一种，在专业社会工作领域中扮演了重要的角色 。督导是专业训练的一种方法 ，它是由社会工作机构内资深的工作者（督导师）对机构内新进工作人员或实习学生（受督者），通过定期和持续的督导程序，传授专业服务的方法与技术，以增进其专业技巧，并确保社会工作服务的质量（廖荣利，1984）。

《中国社会工作百科全书》定义社会工作督导是管理、教育、训练和帮助社会工作者的过程，通过这个过程使社会工作者的服务质量不断提高，逐步达到专业化的水平，从而使社会工作的专业地位更加牢固。（陈良瑾，1994）

刘斌志、沈黎提到“督导是帮助学生将普遍知识转化为个人智能和经验的过程，更是帮助学生将专业价值观整合的过程”（刘斌志，沈黎，2006）。

史伯年认为“督导是社会行政人员督促、引导工作人员正确、有效地实施社会服务的过程”（史伯年，2012）。

张洪英指出“社会工作督导是具有专业知识、专业能力和实务经验的督导师以社会工作的专业价值为灵魂、以相关理论为指导对受督者实施教育、支持和行政等功能的一种方法、过程、关系和手段。其目标是提升受督者的专业水平，维护服务对象的利益，推动专业的发展”（张洪英，2013）。

在我国社会工作师职业水平考试用书上，督导是指机构内资深工作者对机构内的新进工作人员、一线初级社会工作者、实习学生、非正式人员，通过一种定期与持续的督导、指导，传授专业服务的知识与技术，以增进其专业技巧及促进其成长并确保服务质量的活动（王思斌，2015）。

李晓凤认为，社会工作督导是具有行政问责能力、专业知识和实务经验的督导师，以社会工作专业价值为灵魂、以相关理论与方法为指导，在多元的文化脉络中对受督者实施持续性的教育、支持和行政等功能的一种方法、过程、关系和手段（李晓凤，2016）。

高艺多认为，社会工作机构的督导具体指的是由社会工作资深的工作者对新进工作者，通过定期、持续的督导程序，在价值伦理、方法技巧等方面进行指导，以促进其专业化和职业化的发展，并确保社会工作服务的质量（高艺多，2017）。

本书认为社会工作督导是由拥有丰富的社会工作实务经验、接受过系统的督导知识和方法训练、具备督导师资质的资深专业人士，在一定的工作机制保障下，定期并持续对新手工作者或有需要的社会工作者，开展的教育、支持及行政管理或指导类的活动，其目的是提升受督者的专业水平，确保服务对象的福祉，并推动社会工作的职业化和专业化。

督导是一种活动，当督导师在开展行政管理或指导性的工作时，它就是行政类活动；当督导师对受督者传授工作知识、技能和经验时，它就是教育类活动；当督导师从情感上支持受督者，帮助受督者在工作中具备更好的职业价值感，缓解受督者的工作倦怠感时，它就是对员工的支持活动。

督导是一个连续的过程，有些社会工作机构偶尔会开展一次性的“督导”活动，比如对某个项目进行一次性研讨，或者对某个案例进行一次性指导，这种一次性的督导活动被称为“专家咨询”会更贴切。真正意义上的督导应该是一个连续的过程，是一个系统的过程，比如固定的督导师对一个项目进行连续的追踪和指导，对一个个案定期的持续性的讨论和指导，对一名受督者定期的工作指导。在这个连续的过程中，督导关系不断深入，督导内容不断扩展，受督者的专业性有规律地提升。

督导工作需要一定的制度保障，宏观层面有国家的法律法规，中观层面有行业的制度及规定，微观层面有机构的运作框架，制度保障越充分和完善，督导工作的开展和质量越能得到保证。

## 二、督导的主体

### （一）机构内部还是机构外部

在以往的概念中，有的提到督导主体是“机构内资深工作者”，从当前国内各地现有的社会工作督导机制来看，有些督导是社会工作机构内部的资深人士，也有些社会工作机构会选择聘用机构外部的资深人士来担任督导角色。沈黎和王安琪在2013年的研究中将督导类别划分为三类：内部督导、外聘督导、外派督导。内部督导是由机构聘请内部人员担任督导，一部分社会工作机构采用此方式，且督导通常由机构的行政领导或资深社工担任。外聘督导是由社会工作机构聘请外部人员担任督导，有部分机构采用该方式，督导通常聘请高校社会工作系教师或境外资深社会工作人士担任。外派督导是特殊的督导类别，是当下行政主导推动社会工作发展的独特阶段性现象：由地区的社会工作专业协会或民政部门牵头遴选辖区内的资深社工担任督导，并派到辖区内不同社会工作机构担任外部督导。从这个分类上来看，也可以得知督导的主体并非完全是“机构内”人士。

### （二）督导的行政问责能力

以往有的概念提到，社会工作督导的主体是“具有行政问责能力专业知识和实务经验的督导师”，比如在一些机构运作框架中，赋予督导师一些监控项目运作、评价员工工作绩效等行政职责，也有一些外聘督导师并没有被赋予行政权力，只是进行专业上的教育、指导和咨询工作，或者提供情感支持等，还有的地区专门成立第三方督导团队，对社会工作机构项目的运作情况进行评估、监测和指导工作，因此“具有行政问责能力”并非督导师的标准配置。

### （三）督导的称呼

在不同的领域对从事督导工作的主体有不同的称呼，在教育领域，称从事督导工作的人为“督学”；在心理咨询领域中，从事督导的人通常被称为“督导”或“督导师”，督导师的称呼正式出现于中国心理学会临床与咨询心理学专业机构和专业人员注册系统，该注册系统设定的专业人员从低到高有三个等级：助理心理师、心理师和督导师；目前在社会工作领域，从事督导工作的人有很多时候就直接被称为“督导”，也有时被称为“督导师”，本书中采用“督导师”的称呼，一方面容易和督导工作本身进行区分，另一方面我国目前由人力资源和社会保障部认证的社会工作人员资格认证系列，已经设定了“助理社会工作师”“社会工作师”的级别，把督导工作的主体称为社会工作“督导师”，保持了专业人员称呼上的一致性。

## 三、社会工作中的督导是不是工作方法

以往的概念中有的提出督导是一种工作方法，也有的提出是间接助人方法。我们已知社会工作的三大工作方法是个案工作、小组工作和社区工作。督导是在社会工作者结束对案主的辅导后进行，虽然督导的终极目标是要确保社会工作者对案主的服务质量，但督导是直接面对社会工作者而非案主本身，案主本人不在督导现场。因此，在这个层面来讲，督导不是直接为案主服务的，和其他三大工作方法不是一个维度。

作为一名社会工作者，掌握三大工作方法是基本要求，如果把督导也作为社会工作的一种方法，就意味着所有的社会工作者需要掌握，但督导工作的主体和社会工作者的概念并不完全等同，只是社会工作者中的一部分群体才会开展督导工作，行使督导职责，并不是所有的社会工作者都愿意从事督导工作，也不是所有的社会工作者都适合从事督导工作。综上原因，本书认为把督导作为社会工作的一种方法或间接工作方法这种说法并不准确，不能准确地描述督导的意义、作用和地位，它在更大程度上是社会工作者专业受训及成长过程中的一个必要环节，是社会工作职业体系中必不可少的一种保障机制。

## 第三节　社会工作督导的功能

对于社会工作督导功能的理解，根据取向的不同也有所不同。一般有规范性、经验性、实用性三种取向，在这三种取向中，学界通常定义的社会工作督导功能有三种：行政、教育、支持的功能。还曾经有学者提出过社会工作督导的治疗性功能，这一功能的提出受到了精神分析等理论的影响。因为社会工作者也是人，也会产生个人和家庭的种种问题，这时他们需要别人的帮助。在这种情况发生时，社会工作者会被视为受助者接受帮助。但是，督导的主要目的是帮助员工的专业性成长，督导师与受督者的关系也是与工作相关的活动，员工的私人问题由督导师介入并不合适，也不恰当，对于机构员工的专业帮助也不大，当员工出现严重个人问题时应该寻找专业治疗师的帮助，而非督导师的治疗。所以渐渐地这一功能没有再被提起，社会工作督导的功能定位为行政性、教育性、支持性三种。在第 19 版美国社会工作者协会出版的《社会工作百科全书》上，也对于这一定义进行了肯定。如果说行政性督导所提供的是有助于工作者开展工作的组织结构和机构资源，教育性督导所提供的是开展工作必备的知识和技能，支持性督导则是通过营造一种有利的心理氛围和人际关系环境，以使社会工作者焕发精神，富有成效地开展工作，从工作中获得喜悦感和成就感（Kadushin，Harkness，2008）。

## 一、行政性督导

行政督导主要与工作表现有关。部分督导师作为机构管理层中的一员，是直接与社会工作者打交道的行政人员，是机构行政链中的一个纽带。行政性督导的基本问题是如何正确、有效和恰当地贯彻实施机构的方针，并按照程序办事。行政督导着眼于为受助者提供高效率和高效能的服务。行政性督导的意义在于妥善地执行工作，维系机构的操作及问责，监督和保障项目执行的进展和质量。行政性督导主要涉及政策、计划和任务，服务质量控制以及与社区服务的联络（Kadushin，Harkness，2008）。

行政性督导的具体任务包括：

（1）员工的招募与甄选。

（2）引导与安置工作者。

（3）拟订工作计划。

（4）分派工作。

（5）工作授权。

（6）监控、检查与评估工作进展和质量。

（7）协调工作。

（8）沟通功能。

（9）督导师充当受督者利益的代言人。

（10）督导师充当行政管理的缓冲器。

（11）督导师充当改变媒介。

社会工作机构中行政性督导工作有一部分类似于企业中的人力资源工作，如员工的招募与甄选、引导与安置工作者；一部分类似于企业中的行政管理工作，如拟订工作计划、分派工作等。

## 二、教育性功能

《社会工作百科全书》初版以及关于社会工作督导的第一本专著都认为，社会工作督导是一个教育的过程。可见教育是督导活动和职责中的重要方面。教育的目的在于协助社会工作者自我及专业发展，包括专业知识和技巧的传授，专业伦理的培养，帮助员工增加知识和理解能力，从而端正他们的专业态度。这背后的理念是：只有提升专业知识和技巧，服务水平才得以提高。督导师的角色就像继续教育中的导师。Kadushin 对督导师自身功能的研究中，发现督导师认同的一些教育性活动包括：教授、促进学习、培训、分享经验和知识、告知、澄清、指引、帮助社会工作者找到答案、促进专业成长、提供忠告和建议以及帮助工作者解决问题等。Erera and Lazar 认为，与教育性督导相关的操作化因素，包括：专业技能和技巧、专业界限以及知识和信息。这一过程中督导师的角色就如同学校教育中的导师，教授、促进学习、培训、分享经验和知识，帮助社会工作者找到答案、促进专业成长。

教育性督导的工作主要包括：①具体困惑的解答；②对问题认识的引导和澄清；③为社工创造一个分享的平台；④促进社会工作者的个人成长；⑤帮助探索与服务对象的关系；⑥提供具体的服务手法。

教育性督导的具体内容可以包括但不限于以下内容。

（1）督导师需要把机构的情况作为教育的内容，包括机构的组织情况，行政管理情况，与其他机构的关系，以及它在当地社区服务网络中的地位，工作目标，可以提供的服务，机构内部的规章制度及其制定过程和修改程序，还有机构的法律地位和拥有的权力等。还包括本地区与所在机构有关的其他社会服务机构，以及机构所在的社区情况。系统了解这些信息，对于社会工作者整合资源、为服务对象提供帮助非常重要。

（2）督导师需要把社会问题作为教育的内容，包括社会问题产生的原因，社区对某些特殊的社会问题的反应，所涉及的社会心理学的一些问题等，对社区不同人群的影响，某些特殊问题对社会工作者和人们的生活影响，以及机构所提供的服务与该机构致力于解决的社会问题之间的关系。比如在面对家庭暴力问题，贫困儿童问题等。

（3）督导师需要把社会工作者面对的特定群体作为教育内容，比如艾滋病患者、同性恋群体等，让受督者了解哪些有问题的个人和群体在面临社会压力时会出现哪些反应。

（4）督导师需要为受督者提供帮助的技术和方法，以便受督者更好地帮助求助者恢复或改善其社会功能。不同于学校教育的是，督导中的教育功能强调把所学知识如何应用在实际工作中。

（5）督导师需要教育受督者加强专业化意识，纠正有偏见的种族歧视、性别歧视、同性恋恐惧态度、艾滋病恐惧态度等，帮助受督者建立起尊重、自决、保密、接纳的社会工作价值观。

（6）督导师需要对受督者进行专业伦理教育。

## 三、支持性功能

社会工作者在工作中会受到来自多方面的压力，有来自机构、来自服务对象、来自督导评价、来自工作任务、来自社会对社会工作者认知度不够、来自薪资较低等多方面的压力。因此社会工作者容易在工作中产生职业倦怠感，对工作对象失去同理心，对工作岗位降低认同感等，督导的支持性功能可以对这类问题起到预防和改善的作用。

支持性功能是助人工作的督导中比较独特的地方，它在社会工作督导和临床心理工作的督导中意义重大。Shulman 认为支持性功能的目的是鼓励员工完成任务，积极和谐的工作关系十分重要。Erera 和 Lazar 认为，督导的支持性功能即是对直接服务者的情感支持。Kadushin 和 Harkness 认为，支持性督导的短期目标是帮助员工热爱工作，并从工作中得到满足，所以如何提高员工士气及工作满足感是督导师最关心的，也是督导工作中最基本的部分。所以督导师可被视为具有表达性和支持性的领导者，这也是社会工作督导独特的部分。

支持性功能的基本问题是社工的士气和工作满意度。督导要负责维持工作者的士气，帮助他们解决与工作相关的情绪低落和不满，给予工作者作为专业人士的价值感，对机构的归属感以及工作中的安全感。督导师的角色能够用自己的相似经验和对专业的了解，通过督导的形式，给予直接服务者情感上的支持。支持性督导的短期目标是帮助工作员热爱工作，并从工作中得到满足，所以督导师可以被视为具有表达性和支持性的领导者，这也是社会工作督导特殊的属性所在。

督导工作中不同的功能让督导师为工作者树立了立体而多维的社会工作者典范。行政性督导树立的是高效率的工作者典范；教育性督导树立的是能力强、知识丰富的社会工作者典范；支持性督导树立的是富有同理心和善解人意的社会工作者典范。每个功能都有本身的一套工作任务和目标，互相补充和完善，才能发挥社会工作督导最好的功能。

目前在我国大部分社会工作机构督导工作的开展过程中，督导的三大功能并未得到充分实现。不同的社会工作机构，聘请的督导师自身知识、能力与经验等方面存在较大差异，导致三大功能在实践过程中也存在一定差异。由于一些社会工作机构普遍存在行政与实务分离的现象，从而导致督导的行政功能与督导教育功能、支持功能相互独立的结果。这一现象有利也有弊，从好处而言，与行政功能的分开，使得督导师能够更有效地发挥支持功能和教育功能。由于受到社会地位、社会认同度、经济报酬、服务对象情绪等方面影响，社会工作者普遍压力较大，对支持功能方面的需求也相应增大；同时，由于我国社工的专业化程度较低，对于专业技巧和理论知识等方面的教育需求也呼声较高。从理想状态来讲，在不受绩效考核、行政管理等方面的影响下，督导师对受督者进行支持和教育的效果会更好，受督者也更容易畅所欲言，而不受科层权力的影响和限制。从弊端来说，也正是因为督导师无法发挥其行政功能，使得受督者缺乏相应的约束和管理，从而可能促使督导工作无法正常开展，得不到受督者的认可和尊重。因此，如何将三大功能有效结合，使督导师能够充分行使其责任、完成其相应的使命，仍值得思考。

## 四、其他功能

在一些文献中，对于社会工作督导功能还有其他的论述，比如领导、管理与咨询等。其中领导功能是指：督导师采用一定的策略，使受督者积极参与督导的过程，并达到督导的目标；管理功能是指：督导师将管理的知识运用于人群服务组织或机构，通过规划、组织、任用、领导与控制等职能，有效整合组织内各项人力与物力资源，以协助受督者发挥其专业能力，进而达到服务案主的最终目的；至于社会工作督导的咨询功能则是指：在督导过程中督导师向受督者提供专业的知识和技术，以增进受督者独立解决特定问题的能力。每个功能都有本身的一套问题和目标。行政督导的问题是依机构的政策，有效地完成工作。在教育指导方面，员工缺乏专业知识与技巧是问题所在，所以目标是改善他们在专业实务中的知识与技巧。在支持性督导方面，员工士气是重点所在，因此目标是改善社工的工作满足感与动力。这些功能都在督导过程中存在并得到体现，但也都可以归属于行政、教育、支持这三大功能中，所以本书仍然认可社会工作督导功能以此三大功能为主。

## 五、三大功能的实现情况

1965 年的版本，社会工作督导被界定为教育过程。不过其余的版本则偏重于其行政功能（《社会工作百科全书》1971，1977，1987，1995），例如，Miller 于 1977 年版本中界定社会工作为维持“一个完成工作及达到机构问责的行政过程”。这个转变反映了社会工作督导对行政问责的重视（徐明心，2002）。Austin（1957）的研究问了三条有关督导功能的基本问题：第一，从加强专业化角度来看，督导师能否继续将行政和教育的功能合并？第二，如果将行政及教育功能分开，并分配给不同人士，能否达到一个崭新而有效的分工？第三，能否假定专业社工需要负更多的责任，并主动去接受咨询帮助自己，而非只接受督导？过去100多年来，有关社会工作督导应侧重于行政、教育或支持性的功能这一论点不时引起社工界的激烈讨论。各国和地区的学者们采用了不同的研究方法对社会工作督导的功能进行研究。

在美国，1958年，美国社工人员协会纽约州西支部用问卷调查的方法对社会工作督导的功能进行调查；1977年，威斯康星卫生与社会服务部主持了一项针对持有社会工作督导一级执业资格证书者所做工作的研究——在一本工作手册中列出了574项有可能由督导师来完成的工作，然后要求督导师从中指出他们实际从事的工作，以此对社会工作督导工作进行分析；Patti通过请督导师描述在典型的一周工作中所从事的活动来揭示督导的功能；Nelsen对68次督导活动的音像资料进行了研究；1980年，Weatherly对某州公共福利部的20名督导师进行了面询调查；Poertner和Rapp通过对特定督导师进行面谈，确定他们的任务，并将35项任务清单发放给120名督导师和227名直接服务工作者，对督导工作进行具体的任务分析，并据此对督导功能进行了归类；Kadushin分别在1973年和1989年对1500名督导师和1500名受督者用问卷的方式进行了跟踪调查。Kadushin的研究是全美最大型的关于社会工作督导的研究。

正如美国的Kadushin一样，加拿大的Shulman在1981年对社会工作督导进行了一项全面的调查，要求督导师给出他们在不同任务上的时间分配百分比，以此揭示不同功能类型的督导的实践；1984年，Melicherick利用日记方式，记录督导师一个星期内的活动，对督导功能进行了一项深入的研究。

在英国，Parsloe和Stevenson在1975—1977年进行的一项有关社会工作团队实务的详细研究，对300名左右的社会工作者进行反复的面询调查，并对他们的工作进行了参与式的观察。Erera和Lazar（1994a）在以色列社会服务组织中通过对大量的督导实务进行因素分析，研究督导中的行政和教育功能可否兼容。

我国香港的徐明心教授通过审阅从1950—2002年所有有关社会服务机

构内社工提供的督导实务工作的资料，对最具影响力和刊印最广的第一手资料进行了研究。另外也通过对香港的 20 名社会工作督导和 20 名受督者采用焦点小组及个别深入访谈的方法对香港社会工作督导功能进行了研究。

这些学者通过各自的研究方法在社会工作督导功能方面得出了不同的结论：威斯康星卫生与社会服务部对督导师所从事的实际工作的研究显示，督导师做得最多的工作是行政工作，这类工作占了所有工作量的 60%左右，做这项工作的督导师的人数也最多；与教育性督导相关的任务占督导师所从事工作的 10%。但是与支持性督导相关的任务很少被明确提出来。Patti 通过请督导师描述其在典型的一周工作中所从事的活动，揭示了督导的行政功能和教育性功能。Poertner 和 Rapp 对督导工作的任务分析显示，督导师的主要任务就是从事行政管理工作。Shulman 的研究结果显示，督导师 49%的时间用于行政性督导；约 40%的时间用于教育性督导。Kadushin 的调查结果显示，44%的督导师将教育性功能列为最重要的功能；约 32%的督导师将行政性功能列为最重要的督导；24%的督导师将支持性的督导列为最重要的督导。

以上研究数据均表明行政性督导在督导的实际工作中占用最多的时间，教育性功能的时间次之，而支持性督导的时间最少。

尽管这样，但我们从这些数据也可以发现，行政性督导的工作所占用的督导工作时间逐渐减少，教育性督导和支持性督导均是增多的，尤其是支持性督导一开始并没有被明确提及。另外，除了这些客观时间数据显示的结果，研究者们在研究中也对督导师和受督者的主观感受和期待有所发现。

美国社工人员协会的调查结果显示，虽然没有被访者反对督导师的权威或否定其行政功能，可是，他们认为最有用的功能仍然是教育和支持。在英国的研究中，超过 300 名直接服务的英国社会工作者认为，督导师应该“对他们的工作进行检查”。但督导师却不愿意提到“检查工作”。他们似乎对自己所扮演角色中权威的一面避之唯恐不及，他们会津津乐道于督导的支持性功能，却避而不谈督导的控制性功能；Weatherly 的面询调查发现，55%的督导师认为他们的基本角色是对社会工作者的工作表现进行监控，但同时这也是督导师最深恶痛绝的一项职责；Shulman 在研究中让受督者和督导师，就他们所感受到的督导师实际发挥的功能以及他自己更希望督导师发挥的功能提交了报告，两类报告显示：两者都表示最想增加的用于实际工作的时间是用来“教授实务工作技能”的时间。在他（1993）调查的68个社会工作督导师样本中，尽管个案咨询仅占工作时间的40%，但是与受督者进行个案咨询却是令他们感到最满意的工作内容；Kadushin的研究中发现，即使督导师花了很多时间在行政的功能上，但他们却认为教育功能是社会工作督导中最重要的一环。他对督导师体验和认同的自身功能的研究中还发现，督导师满足感的三个最主要的来源中有两个是：“从帮助受督者获得专业成长中获得的满足感”“从和受督者分享社会工作知识与技能的过程中获得的满足感”。受督者对督导工作的满足感的三个主要来源中有两个与教育性督导有关：“我的督导师帮助我处理在做求助者工作时遇到的问题”“我的督导师帮助我成长为一名专业的社会工作者”。此外，不论是督导师，还是受督者，他们都认为“保证受督者实现专业成长”是督导工作的两项最重要的目标之一。在对督导师认为督导工作中的不足之处的研究中，发现督导师们指出的最大一类不足都与行使管理权威有关。其中有224项（28%）都涉及在检查、评估和授权工作中行使行政权威的问题，以及对中层管理者的官僚主义要求的厌恶。而Nelsen对68次督导活动的一系列音像资料进行的研究发现，在被录制的督导单元中，69%“含有三次或三次以上的支持性言论”。在要求督导师列出其在督导工作中的优点，并要求受督者列出他们所认为的督导师的优点的时候，被提及最多的是支持性行为。督导师将其支持性行为列为他们的主要优点。483名督导师开列出138种支持性行为，将其视为他们在督导工作中的优点。沈黎和王安琪2013年在我国社会工作督导的实证研究中发现，督导师最为认同督导的支持功能，教育功能次之，对行政功能的认同最低。这些对督导功能的主观性感受的研究结果表明，教育性督导和支持性督导被认为是督导师的工作满足感以及督导工作的有用性的主要来源。

在冷琴的研究中发现：在实际督导工作开展过程中，由于项目方对督导角色的期待和定位，这些行政性的工作占用了督导工作的很大一部分时间。但是在对于这些行政工作的态度上，大部分督导师表示自己在督导工作中最不愿意承担的就是行政性督导，感到行政性工作给自己带来了压力。这也正好验证了上述Weatherly对某州公共福利部的20名督导师所进行的面询调查发现，55%的督导师认为他们的基本角色是对社会工作者的工作表现进行监控。监控工作包括听取口头汇报、阅读工作记录以及审查统计报告。但是矛盾的是，对社会工作者的工作表现进行监控也是督导师最深恶痛绝的一项职责。在调查访谈中，一些社工谈到感觉不希望督导师有太多行政性的工作，而是期待督导师有更多的时间和精力用在对自己的专业知识和技术上进行指导。通过对访谈和调查的数据研究分析发现，支持性督导是社工认为非常重要的督导功能（冷琴，2010）。

综上所述，社会工作督导的三种功能，即行政性督导、教育性督导和支持性督导均有其各自所对应的具体操作化工作。在三者之中，行政性督导作为督导的发展起源，在督导工作中占有最多的时间，但是教育性督导和支持性督导在实际工作中所占用的时间在逐渐增多，成为督导的重要功能，且被认为是督导师的工作满足感以及督导工作的有用性的主要来源。

## 小　结

本章的目的是为后面的内容打下一个基础，我们希望通过讨论社会工作督导的一些不同定义提出督导的正式定义，能够为社会工作督导建立良好的基础，并使读者充分认识到督导的内涵和外延。在本章中，我们通过回顾社会工作的起源、发展阶段、社会工作督导的三大功能以及有关功能的一些其他提法，进一步明确当前社会工作督导在实务领域所起的作用，通过对有关社会工作督导功能的研究进行讨论，我们发现一个很有趣的现实：行政性督导作为督导的发展起源，在督导工作中占有最多的时间，而督导师对自己的行政性督导认同感最低，支持性督导和教育性督导是督导师工作满意度和工作有用性的主要来源，受督者对督导师的支持性工作也最为认同。

# 第二章　社会工作督导的行政框架

## 第一节　现有的社会工作行政框架

我国负责社会工作发展的行政部门是民政系统，民政部慈善事业促进和社会工作司职责为：拟订促进慈善事业发展政策和慈善信托、慈善组织及其活动管理办法。拟订福利彩票管理制度，监督福利彩票的开奖和销毁，管理监督福利彩票代销行为。拟定社会工作和志愿服务政策，组织推进社会工作人才队伍建设和志愿者队伍建设。各省（自治区、直辖市）民政厅下设社会工作处，具体处室名称各不相同。主要职责：会同有关方面按规定拟订民政社会工作发展规划、政策和职业规范，推进社会工作人才队伍建设和相关志愿者队伍建设；组织民政社会工作人才的宣传、表彰，等。

在民政部门的领导下，社会工作专业团体有两类，一类是社会工作教育协会，一类是社会工作行业协会。中国社会工作联合会（原中国社会工作协会）是全国性专业社会团体。联合会成立于 1991 年 7 月；1992 年 7 月加入国际社会工作者联合会，成为正式会员。中国社会工作联合会在民政部的指导下，坚持科学发展观，促进和谐社会构建，开展了一系列有影响的社会活动。主要职责：在政府的指导下，推动社会工作的专业化、职业化建设；整合社会资源，开展以社会福利服务及社会公益活动为主体的专业性的社会服务，加速社会工作社会化进程；加强理论研究与实践创新，开展社会工作教育，不断优化社会工作效能；倡导社会工作理念，维护社会公平，促进社会和谐，推动社会进步。目前有十几个社会工作发展较快的省份建立了社会工作联合会（协会）或者社会工作者协会，比如 2013 年成立的北京社会工作者协会、1993 年成立的上海市社会工作者协会、2004 年成立的安徽省社会工作协会、2007 年成立的江西省社会工作协会 、2016 年成立的湖南省社会工作协会、2010 年成立的广东省社会工作师联合会、1993 年成立的重庆市社会工作者协会（2002 年更名为重庆市社会工作协会）、2004 年成立的青海省社会工作协会、1992 年成立的广西社会工作协会、2018 年成立的云南社会工作联合会等，还有很多地区还没有专业协会来负责社会工作相关发展。

中国社会工作教育协会于 1994 年 12 月经民政部注册成立，在国际社会工作者联合会注册为中国社会工作者协会，是一个以推进社会工作教育和专业社会工作发展为目的的非营利组织，属于全国性一级学术社团，主管单位是民政部，接受民政部的业务指导和监督管理。协会的职能是加强国内社会工作各界人士的学术交流和联系；与境外社会工作教育团体和个人建立联系，开展国际学术交流；举办国内和国际社会工作教育学术会议和专业教育培训及相关学术活动，编辑出版有关学术著作；建立专业规范体系和评估指标体系等。

## 一、督导制度的顶层设计：社会工作督导制度的确立及机构督导工作的启动

除港澳台地区外，总体来讲，我国社会工作教育和实务的发展历史较短，很多省份刚刚设立或者还没有设立社会工作者协会或社会工作联合会，社会工作者以及社会工作机构的规范尚未建立，更不用说社会工作督导机制，广州、深圳、东莞、南京、北京等地社会工作行业近年来发展较为迅速，社会工作专业机构蓬勃发展，社会工作专业人员迅猛增长，社会工作督导制度陆续建立并不断完善，专业社会工作发展离不开社会工作督导的发展。社会工作督导是专业社会工作发展的重要组成部分，也是社会建设和创新社会治理的重要环节，社会工作督导队伍是社会工作人才队伍建设的关键和核心元素。因此，推动中国社会工作督导政策和制度建设，推动中国社会工作督导实务和督导研究的发展，是专业社会工作和社会治理创新发展的需要。

随着中国社会工作教育的快速发展以及政府建设一支“宏大的社会工作人才队伍”的全面推开，2007 年 10 月，深圳市委、市政府出台“1 + 7 政策文件”（即《中共深圳市人民政府关于加强社会工作人才队伍建设推进社会工作发展的意见》与 7 份配套方案文件），并在民政系统 11 个服务

领域开发33个社工试点岗位，实施“党委统一领导、政府主导推动、社会组织运作、公众广泛参与”的社会工作运作模式，采用“政策决策者、民间社工机构、用人单位、社会工作者、社工督导”多方介入的策略，确认了督导为现代社会工作制度建设中不可缺少的一部分（李晓凤，2010）。2007年，北京市政府也出台了《中共北京市委北京市人民政府关于加强社会工作人才队伍建设的意见》，但该文件中还没有明确提出社会工作督导，深圳市在社工督导的发展中比较领先。

2010年6月，中共中央、国务院印发了《国家中长期人才发展规划纲要（2010—2020年）》，其中提出社会工作人才队伍的发展目标：到2015年，社会工作人才总量达到200万人。到2020年，社会工作人才总量达到300万人。为了贯彻落实该发展规划纲要，中央组织部等19个部门和群团组织2012年联合发布了《社会工作专业人才队伍建设中长期规划（2011—2020年）》，明确提出：实施社会工作管理人才综合素质提升工程，到2020年培养8万名具有社会使命感，掌握现代组织管理知识，拥有丰富管理经验，能够有效整合资源、协调关系、凝聚队伍的社会工作机构管理人才；培养8万名具有扎实理论知识基础、丰富实务经验且能够指导解决重大复杂专业问题、引导推动社会工作服务人才成长发展的专业督导人才。

为了加强社会工作专业人才队伍建设，完善社会工作专业人才职业水平评价制度，全国各省市为推动社会工作督导的发展，相继出台了相关政策和指导意见。例如，广东省民政厅2016年发布《广东省民政厅关于加强和完善我省社工督导工作的指导意见》；深圳市2009年公布了《深圳市社工督导人员工作职责手册》，2010年发布《深圳市社会工作服务机构聘请顾问管理办法》，2012年发布《深圳市社会工作者督导助理选拔指引》，以及2013年2月出台了《深圳市初级督导评估方案》，2016年7月制定了《深圳市社会工作者中级督导选拔办法（试行）》；东莞市2011年出台了《东莞市社会工作督导人才选拔培养办法（试行）》《东莞市社会工作督导工作职责手册（试行）》；南京市民政局在2014年和2015年分别出台了《南京市社工督导工作试点方案》和《南京市社会工作督导选拔使用管理办法（试行）》。各地的文件和政策涉及社会工作督导人才资质、选拔、培养、职责、使用、考核评估、薪酬津贴等内容。

2018年3月6日，人力资源和社会保障部、民政部制定了《高级社会工作师评价办法》，该办法虽然不是直接关于社会工作督导的文件，但是对于高级社会工作师需要具备的能力中，规定“能够对助理社会工作师、社会工作师等社会工作从业人员开展专业督导，帮助其解决专业难题，提高职业能力”；在评审条件中也明确了从业经历中必须有不低于某个特定时数的专业督导时间，这个评价办法的出台从国家层面为各地培养的社会工作督导人才搭建了职业资格评价中的对应水平。

中国社会工作教育协会社会工作督导专业委员会于 2016 年 10 月 30 日成立，标志着社会工作督导教育、实务和研究有了专门的组织去推动，意味着未来社会工作督导将会在教育、实务和研究等方面得到进一步发展。民政部与李嘉诚基金会合作开展的“大爱之行”全国贫困人群社会工作服务项目，成立了由 11 人组成的督导团队，对全国 110 个项目实施为期 17 个月的督导。由此可见，社会工作督导在实务层面有了一定的发展。2016 年 11 月，中国社会工作督导会议在山东大学召开，这是第一次关于社会工作督导的专门会议，意味着中国社会工作督导研究得到了国内外学者和督导同人的高度关注和重视，意味着中国社会工作督导标准制定正式开始，中国社会工作督导在未来发展得将更加迅猛。

这些政策及指导意见的相继出台，标志着中国社会工作督导的发展已进入国家和地方政府的决策层面，标志着中国社会工作督导的发展有了政策依据和发展目标，标志着中国社会工作督导发展的重要性、必要性和紧迫性已经受到重视。在政策保障和指导下，在专业社会工作发展和创新社会治理的需求和推动下，中国社会工作督导实务有了进一步发展。

## 二、社会工作机构外聘督导模式

社会工作机构外聘督导模式分为两种：一种是内地城市向社会工作发达的香港地区购买专业督导服务，一种是社会工作机构聘请高等院校社会工作专业教师作为专业督导入驻机构。

### （一）购买香港专业社工督导服务

这种模式起始于广东地区，从 2007 年开始，广东一些城市最先依据自己的地利优势向香港的专业机构伸出求助之手，深圳市政府通过深圳市社会工作者协会，向香港基督教服务处、香港社会事务发展研究中心购买了 30 名半职督导服务，以此提升社会工作服务质量，促进社会工作机构专业化的发展。2008 年 3 月，深圳市政府购买的香港社工督导与深圳岗位社会工作者同时上岗，社会工作机构督导的直接模式（又称为“跨境督导模式”）试点在深圳全面推开。之后，在深圳由岗位社会工作向项目社工发展中，深圳市政府继续向香港多家专业服务中心购买香港督导服务。同时，香港督导大规模地向深圳一线社会工作提供专业督导服务。比如，一个香港督导通常每个月提供 10 天的督导工作时间，每个香港督导一般督导 9—14 个新入职的深圳社会工作者，每个社会工作团队可以接受香港督导的时间是两年。

有了深圳地区社会工作事业顺利发展的经验，东莞市作为推进社会工作发展的试点之一，也积极引入社会工作督导制度，聘请香港的资深社会工作者担任社会工作者督导，2009 年共聘请了 9 名香港督导，2010 年增聘至 16 名，进一步充实了督导力量。全市共有 25 名香港督导对一线社工进行全方位的“传、帮、带”，帮助社会工作机构和社会工作树立专业价值观，开展培训和示范性实训，传授社会工作知识和技巧，指导社会工作开展专业服务，充分发挥督导在社会工作实务中的重要作用，有效指导社会工作试点各项工作的开展。

引进香港专业社会工作督导的力量这种做法在其他一些有条件的地方也被采用。2013 年，香港无国界社工组织参与运营管理的北京厚德社会工作事务所成立，由北京团市委主管，北京市民政局登记注册，立足于社会建设与青少年社会工作服务，并以香港专业督导团队为人力资源依托，推行一系列服务青少年的社会服务项目。机构中设立督导培训部，由香港督导担任培训总监及机构所有督导。

**（二）引进高校社工专业教师做督导**

在教育发达的城市依靠丰富的高等教育资源，很多机构聘请高校社工专业的教师担任机构督导，比如北京的社会工作机构大多数都有高校背景，有些机构创始人本身是高校专业教师，如北京市海淀区睿搏社会工作事务所成立于 2010 年，负责人是首都师范大学社会工作系教授范燕宁；北京市超越青少年社会工作事务所成立于 2012 年，负责人是首都师范大学社会工作系副教授席小华；北京市亮心社会工作发展中心成立于 2014 年，负责人是北京社会管理职业学院社会工作系教授陈洪涛；北京市近邻社会工作服务中心成立于 2014 年，负责人是中华女子学院社会工作学院副教授杨静。还有一些社会工作机构，虽然负责人不是高校专业教师，但是依托高校的专业资源而建，如北京市东城区助人社会工作事务所于 2009 年创建，西城区仁助社会工作事务所于2010年创建，均依托北京青年政治学院社会工作专业而建；武汉市博雅社会工作服务中心成立于2012年，是依托华中师范大学社会学院成立的。这些机构中均聘请精通社会工作理论知识和有实务经验的专业教师作为机构督导，有的机构以项目督导的形式开展，负责特定项目的方案设计、实施过程监督、追踪和指导、疑难案例解答以及对社工专业成长的指导等工作；有的机构督导不以项目区分，根据时间或人员来区分。

## 三、社工督导人才队伍的本土化培养

### （一）香港社工督导在内地启动本土督导培养工作

购买香港督导服务之初，香港基督教服务处吴水丽先生就指出，向香港购买督导服务是一种暂行办法，长远的策略是发展本土督导，并建议在购买香港督导服务之时建立培育本土社工督导的计划，希望3年后（即2010年）就有第一批具有3年经验的本土社工可以担负督导工作。到了2009年，深圳市民政局推出了一个“两层式、结合间接与直接督导模式”的督导人员架构，正式推行社会工作督导的间接模式，也就是培养深圳本土社工督导计划开始。

### （二）各地专业协会开展的社会工作督导人才培养计划

2013年，中国社会工作联合会社会工作师委员会启动实施“全国社会工作督导人才培养计划”，该计划以专业课程培训、实务训练、进修学习等三种方式在全国重点培养见习督导、初级督导、中级督导和高校实习督导等专业人才。同时，中国社会工作教育协会也组织了全国规模的社会工作督导人才培训。

深圳市自2009年开始建立社会工作专业督导体系，截至2016年6月，深圳市社会工作者协会培养本土督导804名，督导队伍已成规模。

北京青少年社会工作协会于2015年3月发布了《北京青少年社会工作专职督导资格认证办法（试行）》（以下简称认证办法）和《北京青少年社会工作专职督导资格认证办法实施细则（试行）》。认证办法对督导进行了界定，并将督导体系划分为见习督导、初级督导、中级督导、高级督导四个级别，每级督导所需的任职资格是不同的，相对应的薪酬待遇也不同。截至目前，该协会已组织3次社会工作注册考试，注册社会工作者800余名；认证督导人员72名，其中见习督导53人，初级督导19人。

截至2018年11月，由广州市社会工作协会对全市社工督导信息实施备案，现累计1106名社会工作者督导人员进行了备案。

在香港督导的带动下，东莞市制定了《东莞市民政局社会工作督导人才选拔管理办法》，委托东莞市社会工作协会组织社会工作督导人才选拔工作。至2018年，确定了两批社会工作督导，四批社会工作见习督导，八批社会工作督导助理人选。

安徽省民政厅2017年下发《关于启动全省首批社会工作专业督导培养计划的通知》，通过政府购买服务的方式，委托全国社会工作人才培训基地——安徽师范大学开展全省首批社会工作专业督导培养计划。从全省高校社会工作专业和10个社会工作服务机构中遴选15名社会工作专业人才作为督导，进行课程培训和实务提升。

## 第二节　当前框架下的问题和困境

虽然我国社会工作督导在政策、实务和研究等方面得到了前所未有的发展，但还存在一些问题。如政策方面，国家层面关于社会工作督导管理、选拔、使用、薪酬和评估等方面的政策缺位；地方层面，南北、东西差异很大，发展不均；督导人才队伍建设发展速度和力度不足；高等教育方面，本、硕课程体系中督导课程缺失；督导机构设置和平台建设缺失；学术研究无论数量、质量和关注度等均不够；对外交流还有待加强，等等（张洪英，2017）。

### 一、外聘督导的局限性

社会工作服务需要督导，这是保障专业服务的重要条件，当没有本土督导，机构自身也缺乏督导的时候，为了保证专业水平，至少让购买方和评估方觉得“专业服务是有督导跟进的”，值得信任的，于是就产生了“外聘督导”。经费充足并且有专业资源的机构可以聘请港澳台的社会工作人士担任外聘督导，有一些资源相对紧张的机构会寻求广州、深圳等社会工作先发地区的专业人士担任外聘督导，还有一些会聘请高校专业教师。设置外聘督导这个角色的初衷在于引进发达的社会工作服务经验和专业力量，促进自身专业服务质量的提升。

但外聘督导一不小心就会流于形式，变成了空架子。表面上，机构对外宣传或申请项目的时候可以说“我们聘请了××担任督导”，或是在接受评估时向评估方“论证专业品质保障”时可以作为尚方宝剑。但督导真正和一线社会工作者在一起多少时间，是否在监督、指导、评价、支持等方面真正起到作用，这取决于以下几个因素。

首先要考虑督导师的资格，哪些人适合担任外聘督导呢？大部分从港澳台地区来支援内地社会工作发展的社会工作者同人，承担督导的专业能力一般是具备的，但可能会因为文化背景不同和价值观的差异等，而无法对本土社会工作者起到很好的指导与支持功能。高校的专业老师，拥有系统的理论知识，但是否真正拥有一线实务经验，如果没有或者极少有社会工作一线服务经验，就很难理解一线社会工作者遇到了什么问题，无法对社会工作者表达同理心，也不知道实践层面该怎么应对，更无法起到很好的支持作用，甚至一些专业教师的实务能力比受督者还要薄弱很多，那就连指导都谈不上了。还有的外聘督导自身理论知识和实务经验都很丰富，但是擅长领域和机构的服务领域不一致，也无法达到很好的匹配效果，后面章节我们还要讲督导关系，督导师和受督者之间的匹配也很重要。

其次要考虑督导的运作机制。督导师可以发挥的行政功能会取决于督导师对于受督者是否有行政管理权力，外聘督导本身不属于机构内部管理的一员，但如果机构管理框架中赋予督导师行政管理和评价权力，则有利于督导师充分行使行政功能。比如，督导师对受督者的工作效果评价纳入机构对社会工作者的绩效评价体系中，或者督导师对受督者的职业胜任力评价会影响或决定社会工作者的工作岗位和发展，这样的机制下，外聘督导就能较好地融入机构内部行政管理体制，否则外聘督导的行政功能就很难实现。还有的机构外聘了督导师，但是并没有和督导师建立一个比较规范而结构化的工作机制，而是非常松散的关系，经常让督导师做消防队员的工作。比如明天有项目中期检查会，资助方需要听取项目进展报告，必须有督导出席，机构今天开始挨个给聘用的督导打电话，谁有时间谁来；后天有兄弟机构前来参观学习开座谈会，需要有督导出席为机构壮大门面，也是手忙脚乱逐一打电话。在这种松散的雇佣关系中，机构给督导的薪资也是不稳定的，这种运作机制下，督导师的行政功能和支持功能都很难实现。督导师支持功能实现的前提是和受督者建立了良好、稳定而信任的督导关系，这种消防员灭火式的运作模式一方面会让督导对机构缺乏认同感，另一方面也很难真正发挥督导应有的功能。

社会工作督导拥有行政、教育、支持三项功能。我们分别从这三项功能发挥的状况的角度来分析外聘督导的作用。

第一，外聘督导的行政性功能发挥极为有限。督导的行政性功能，督导是机构管理体制的一环，上传下达，在一线社工与高级管理层、一线社工与服务对象之间扮演缓冲者角色；一方面指导社工执行机构政策、解释政策的权威，另一方面则是发现政策的优劣、促使管理层作出改善；一方面管理一线社会工作者，另一方面则支持一线社会工作者。但外聘督导并非机构管理体制的一部分，既不了解机构具体的情境（例如机构特殊的制度、文化及发展的脉络等），对机构管理层也没有实质性的影响。

第二，外聘督导的教育性功能发挥有限。聘请外聘督导，主要看重其“专业经验和专业知识”，希望督导能够通过各种督导方式让一线社会工作者的专业能力有提升，让服务项目运作得更为顺畅，但从实践效果来看，外聘督导在传授专业知识与经验方面的作用也有限。其一，从督导方式来说，由于外聘督导来访的时间有限，督导多以团体督导的方式进行，有时候甚至是用知识培训替代督导。其二，从督导的内容来说，很多督导内容以培训为主，讲一些社会工作的基本概念或理论，对具体实践指导意义不大，缺乏差异性和个体化指导。其三，从督导的时间上说，督导的时间很有限，外聘督导有些是一个月来一次，频繁一些的也是一周来一次，其间还包括文书批阅、流程讲解，真正用于督导社工的时间很短；另外，外聘督导的过程在时间上往往是滞后的，并不能及时地给予社会工作者指导和支持。如果机构和督导之间的合作机制建立得好，督导可以采用远程和当面多种方式开展工作，一线员工提出工作方案，如个案介入计划，督导及时给予回馈，员工在回馈的基础上作出修改，然后执行。但实际的状况是这样的，个案都已经做完了，督导才介入，批阅文书，提出修改意见，但工作已经完成了。一些项目评估中常常遇到的状况是，督导的意见很专业、中肯，但对一线员工的服务实践没有指导作用，因为督导往往是“事后督导”；而且一旦完成个案，一线员工也不会再去看督导的意见和建议是什么，对后续工作方式的改进也无所作用。在这样的情况下，所谓督导不再是帮助员工提升专业能力，也不是帮助员工改善现有的服务，而仅仅是为了应付评估，让服务看起来更专业的一个点缀。

第三，外聘督导的支持性功能。督导支持性功能的发挥有一些前提条件，例如一线社工与督导之间的信任关系，督导能够及时发现一线社会工作者的工作压力和情绪困扰，或被及时告知有心理情绪支持的需求，而且督导能够及时给予回馈与处理。外聘督导可能在这些前提性条件方面是存在不足的。其一，外聘督导要么是外部委派而来，要么是机构自己聘请，一线社会工作者往往视督导为“外人”或“机构领导的朋友”，很难放心倾诉工作的压力与情绪，信任关系是在日常互动中积累起来的，很难期待仅仅是在例行督导会上督导师与一线员工建立起信任关系。同样，由于督导并不在机构内，不在身边，不在日常工作中，也很难及时发现并回馈一线社会工作者的心理情绪困扰（向羽，2017）。

## 二、督导速成班

上一节中我们介绍了各地在培养本土督导方面的做法以及成效，多个地区开始了督导培训的工作，后续也进一步采用备案制来对督导人才进行整体储备。但是我们可以看到，每个地方开展督导培训的实际做法差异很大，有的地区对于接受培训的人采用严格的审查和筛选制，有的地区则对参加培训的人要求很宽松。2015 年中国社会工作联合会制定的标准体系 SG-1503 注册社会工作督导培训标准体系（试行）中，参加者资格门槛设定很低，具体要求为：学历或工作经验符合其中一项条件（学历：本科或以上，社会工作专业硕士或本科优先；工作经验：三年以上一线社会工作及一年以上行政管理督导经验），即可参加督导培训。

本土社会工作督导实践的探索面临诸多挑战。采用政府购买服务的方式，购买社会工作机构（或社会工作协会）的督导服务，开设督导班，有助于摆脱对外聘督导的依赖，培养本土的督导人才队伍，从专业发展和社会进步的角度来看，这是一件正确的事情，也是推进社会工作专业化、职业化和本土化的重要措施。但是，在督导制度推进的过程中，出现了种种问题。就购买服务的政府角度来看，政府的期待是节约成本，迅速开班，招募大量督导学员，短期培训之后颁发督导结业证书，然后鼓励结业的督导们尽快对受督者进行督导，着眼于社会问题的解决。从社会工作机构的角度来看，他们希望所有学员能够真正得到专业上的培训和提升，而不是仅仅得到一张证书，但是在提供督导培训的过程中，由于资源整合困难等现实性因素，形成了培训方案的“组合式”或“拼接式”的非系统培训方案，这种培训很难达到真正的专业提升效果。仅凭培训不会也不能让学员获得“督导能力”。架空的、抽离于现实具体情境的督导训练，并不能真正培养出督导人才。本土督导师的产生不仅仅是通过培训制造出来的，也不只是凭着行政级别、特殊身份自动获得，而是扎扎实实从知识和实践中累积出来，扎根一线服务、积累大量的服务实践经验的一线社工是成为督导师的重要条件之一。而从督导和受督者的角度来看，参加督导培训班的动机参差不齐，甚至有些人是为了跳出一线实务工作队伍的目的而去“深造”，这不但不能促进社会工作专业的发展，反而造成能力较强的社会工作者的流失（罗观翠，2016）。

## 三、督导制度建设任重而道远

我国社会工作职业化、专业化程度较低，督导领域发展尤为薄弱，从人才队伍到制度建设均处于起步阶段，社会工作督导制度建设任重而道远，督导人才队伍建设滞后于社会工作事业发展需求。从当下各地区出台的督导制度、标准、要求和培训体系等方面来看，各地存在非常大的差距，但从督导选拔条件一项看，有的地区门槛非常低，只对学历或者从业年限进行单一条件的限定，而有很多地区对于督导的资格从专业、学历、职称、职业资格证和从业年限等多方面同时提出要求，要求也不尽相同。从这方面来看，我国督导制度的统一性、稳定性、专业性等都有待提升。

目前，我国督导人才培养滞后于需求，且呈现出总量缺口较大、地区分布失衡的局面。随着全国社会工作人才队伍建设的推进，地区间对专职社会工作督导人才的竞争呈现白热化局面。由于人才存量不足、培养制度建设滞后等多重因素，全国各地区之间尚未形成督导人才梯度传递机制，严重制约了中西部地区社会工作事业发展步伐。

## 四、督导功能结构失衡

目前，仍存在“以教育代替督导、以行政代替督导”的问题。我国社会工作发展具有“教育先行”的特点，社会工作专业教育和实习督导先于实务督导。我国的本土督导更多的是行政性督导，具有“技术实用主义”的特征和“行政监督和管理控制”的职能，而心理支持的功能和教育功能较弱。

本土社会工作督导专业知识和实务经验有待提升。我国社会工作的专业服务领域的实践工作还处于起步阶段，社会工作督导的发展也相对滞后，研究和实践都还比较缺乏。对于本科教育来说，专业实习及督导十分薄弱，对于从事社会工作服务的一线社会工作者来说，督导领域也还处于探索阶段。

## 五、缺乏身份认同和激励

社会工作督导缺乏身份认同和激励，职业发展满意度较低。目前，我国内地本土社会工作督导的薪酬福利水平和激励机制均未能体现督导职业的行业价值。与香港特别行政区督导职业待遇相比，同样承担了督导职能，却不能获得有竞争力和晋升前景的薪酬。由于制度建设的滞后，缺乏稳定的职业晋升机制，政府对行业的支持也存在不可预测性，导致督导人才普遍存在对支持政策稳定性、持续性的担忧，存在职业发展前景的不确定性，督导人才存在流失隐患。

## 六、缺乏权威的专业督导标准体系

受限于督导理论和实务基础，缺乏符合本土要求的专业督导标准体系。我国社会工作和社会工作督导发展的专业标准体系建设严重滞后。一方面受限于我国社会工作督导的理论和实务基础，相关标准缺乏理论支撑；另一方面，我国社会工作督导身份仍未得到国家层面的认可，尚未纳入社会工作高级人才序列，高级社会工作师的认定标准虽然刚刚出台，但是还没有真正进入实践阶段，虽然高级社会工作师的资格要求中有督导时数要求，但是高级社会工作师和督导师仍然不是同一个概念。督导人员无法通过全国的资格考试获得从业执照。没有明确的评估标准，难以全面反映督导工作成效。

督导制度建设仍以政府为主导，在职业化、专业化方面具有局限性。我国社会工作督导人才的管理仍以政府为主导，社会工作协会等职业化管理方式还不成熟，尚未建立起督导协会等行业权威机构。政府主导下的督导制度建设与政府重视程度紧密相关，西部地区政府对社会工作以及社会工作督导尚缺乏完整、科学的理解，直接影响到督导队伍建设和制度设计。同时，社会工作服务机构对于政府依赖性较强，对自身的专业化发展诉求不强烈，使得督导制度的建立缺乏充分的现实基础。

# 第三节　教育督导行政框架中可借鉴之处

教育督导是根据本国的有关教育方针、政策、法规和制度对教育行政部门和各级各类学校进行监督、检查、评估、指导和帮助，旨在加强国家对教育事业发展的全面管理，以保障教育方针和政策的贯彻执行，提高教育质量，促进教育事业的健康发展。教育督导是教育行政管理中的重要一环，它与教育决策和教育执行共同构成了教育行政管理的基本内容。

教育督导机构是一个职能部门，它的职能并不是单一的，主要包括监督、指导、评估和反馈四个职能。监督职能是教育督导机构最核心和最能体现这一机构本质属性的职能。其目的在于使下级部门能迅速有效、准确、积极主动地贯彻执行教育方针及各级政策，完成教育、教学和教育管理等方面的工作任务。指导功能是指导学校的教职工队伍的建设，指导教育政策、方针的实施，指导如何努力改善办学条件，指导贯彻其他国家、地区的先进教育、教学经验等各方面，使这一职能积极付诸行动，使教育督导工作得以完善。所谓教育评估，是依据一定的教育目标，利用相应的、现代化的教育统计和教育测量手段，对教育对象进行价值判断的过程。教育督导机构人员通过反映下级教育部门、教育工作者的意见和要求，实现上级各项方针、政策、指令任务、执行情况以及方针政策本身问题的“反馈”。

## 一、教育督导制度

教育督导制度是我国基本教育制度之一。教育督导是政府依法对本行政区域内教育工作进行监督、检查、评价、指导的行政监督行为。教育部下设教育督导局，拟定教育督导的规章制度和标准，指导全国教育督导工作；依法组织实施对各级各类教育的督导评估、检查验收、质量监测等工作；起草国家教育督导报告；承办国务院教育督导委员会的具体工作。各省份的教育部门均设有教育督导室来行使教育督导职能。如北京市人民政府教育督导室是政府行使教育督导职能的专门机构。其主要任务是负责全市各级各类教育发展状况和质量的监测以及各级各类学校办学状况和教育教学水平的督导评估，督导全市基础教育、职业教育和学前教育工作，促进和保障国家教育法律、法规、方针、政策在全市各部门的贯彻实施和国家教育目标的实现。

## 二、督学制度

我国教育督导的实施者为督学，并实行督学制度。2012 年 10 月 1 日起实行的《教育督导条例》规定：

第六条 国家实行督学制度。

县级以上人民政府根据教育督导工作需要，为教育督导机构配备专职督学。教育督导机构可以根据教育督导工作需要聘任兼职督学。

兼职督学的任期为 3 年，可以连续任职，连续任职不得超过 3 个任期。

第七条 督学应当符合下列条件：

（一）坚持党的基本路线，热爱社会主义教育事业；

（二）熟悉教育法律、法规、规章和国家教育方针、政策，具有相应的专业知识和业务能力；

（三）坚持原则，办事公道，品行端正，廉洁自律；

（四）具有大学本科以上学历，从事教育管理、教学或者教育研究工作 10 年以上，工作实绩突出；

（五）具有较强的组织协调能力和表达能力；

（六）身体健康，能胜任教育督导工作。

符合前款规定条件的人员经教育督导机构考核合格，可以由县级以上人民政府任命为督学，或者由教育督导机构聘任为督学。

第八条 督学受教育督导机构的指派实施教育督导。

教育督导机构应当加强对督学实施教育督导活动的管理，对其履行督学职责的情况进行考核。

第九条 督学实施教育督导，应当客观公正地反映实际情况，不得隐瞒或者虚构事实。

第十条 实施督导的督学是被督导单位主要负责人的近亲属或者有其他可能影响客观公正实施教育督导情形的，应当回避。

从上述规定中可以看到，督学的工作机制为聘任制，督学条件中对教育工作年限有明确的 10 年以上规定，在督导工作中要坚持客观公正的原则，并实行回避制。

## 三、督学聘任管理办法

根据国家督学聘任管理办法（暂行）和北京市兼职督学聘任管理办法（暂行）可以了解到，各级各地的督学采用推荐和提名的方式产生，本质上来讲是政府任命制。督学的工作机制采用任期制，而非终身制，因此督学并非行政级别，也不是职称级别，更不是资格认证，而是在一定时期内由教育督导行政部门赋予的一项教育管理职责，可以理解为一个岗位，一项职责，一种荣誉。督学的职责是检查、指导、撰写报告、制定文件等。督学有参加统一培训的义务。

## 四、国外教育督导制度借鉴

### （一）英国教育督导的特点

英国教育督导制度产生于19世纪末，最显著的特点体现在相对独立性、政府权威性、高度专业性、评价体系的科学性以及发挥第三方在督导中的作用等方面。

1. 相对独立性

英国教育督导制度强调自身要具有相对独立性，认为这是保证监督、评价做到公正、公平和客观的重要因素。这种独立性包括几个层面的含义：

（1）在级别上，教育标准局为准部级机构，总负责人英国女王总督学为副部长级，具有直接接触国务大臣的权利，标准局直接向教育大臣及议会负责，并非对教育行政职能部门负责，避免了行政的干涉。

（2）督学提供的报告，任何人（包括教育科学大臣）都不能更改。

（3）在业务上独立于教育部，教育标准局自行决定履行其职能的工作方式以及自行作出判断，“督导为学校提供了一个关于学校教育标准和质量的独立的、外部的评价”。

（4）在学校督导过程中，督学小组成员不曾参与过与被督导学校相关的工作，以求得评价和判断的公正和客观。

2. 政府权威性

从英国的经验来看，他们非常强调督学的行政性权威和地位问题，与督学的地位直接相关的权威包括：

（1）督学具有进入各种相关教育机构的权利，英国从法律上规定授予督学进入各种办学机构的权利；这就意味着被督导机构有义务接受督学的监督，在督导过程中配合督学的工作，提供督学因工作所需要的相关信息；督学有权利获得与工作相关的各种信息，包括观察和了解被督导机构与学校管理和教学有关的任何活动，具有访谈、听课、获取有关学校的任何信息和资料，与任何人交谈的权利。

（2）与督导结果相关的权利。督导机构评价的职能赋予它根据国家相关政策制定自己的标准和程序，以此对教育机构的成败作出终结性判断的权力。1992 年国家教育标准局成立后，督学又被赋予对表现差的学校判断与认定为“问题”（失败的）学校，最终的裁决通过报告的公布而对学校的（学校的声誉和市场）未来产生巨大的影响。为了保证督学的意见和建议得到落实，1992 年的改革还规定学校必须提出改进方案，从而对促进办学水平乃至整个教育质量的提高产生直接影响。

（3）影响决策的权利。督学一方面通过具有说服力的督导报告对教育决策产生重要影响，另一方面督学也具有参与决策过程和重大问题讨论的权利。例如，在 20 世纪 70 年代，英国在强调教育规划的时候，在教科部内成立了计划处、政策处，其中的重要会议都要有高级主任督学和主任督学参加，高层的决策会议也要有高级主任督学参加。

3. 高度专业化

英国督导制度强调督学的专业性，从一开始就将女王督学定义为自治的专家团体，这一传统一直延续至今。同时很重视督导队伍的专业化建设，督导人员的配备与构成、招聘程序的公开与公正、督学的培训与见习和持续性的专业化发展。督导工作的性质决定了督导队伍的专业性特点，这种高度的专业性正是英国督学崇高威望的核心所在。英国督学的专业性是产生影响、保持其威望的重要基础和保障。

英国具有一支专业化的督导队伍，这得益于政府给予督学十分明确的身份定位，专职督学是专家型、自治型的公务员，具有自己的职级系列，例如高级主任督学、主任督学、高级督学、注册督学和普通督学，并且有与职级相对应的工资制度和职务晋升制度，为专职督学提供了职业保障。兼职督学主要来自学校经验丰富的教师和校长，他们仍然是教师编制，做兼职督学要经过培训。

4. 过程与方法的科学性

英国在制定学校督导评价标准、指标体系和相关工具上成效显著，研发了一整套系统、完善的督导评价方案与框架，成为中小学教育质量保障体系的核心部分，在提高中小学教育质量方面发挥了重要作用。作为领导全国教育督导工作的机构，教育标准局的重要职能之一就是制定有关教育督导和评价的政策和法律，研发教育督导评估框架，科学地构建评价体系、标准和方法，开发各种评价工具，同时及时总结督导工作中的经验，吸取教育评价的先进理念，进行制度创新，例如近年来提出了成比例督导和问题学校改进的举措，使教育督导评价工作在变革中得到不断改进。

5. 运行机制的准市场性

借助第三方中介机构来管理和实施督导，发挥第三方机构的专业优势是英国教育督导制度的一大特点。教育标准局与全国三个中介机构签约，委托它们具体实施学校督导项目，而这些中介机构又以合同的形式聘用督学，并负责它们的培训和管理。英国政府旨在通过竞争机制提高督导工作的活力与效率，促进督导工作不断提高质量。

**（二）法国教育督导的特点**

1. 督导与评估工作相对独立

在世界范围内，督导的起源早而且发展历史悠久，评估则是最近十几年才在国际范围内风靡起来。在一些国家，督导工作与评估工作基本上融合在一起，特别是日本，轻督导而重评估已经成为趋势。但是在法国，督导和评估工作是截然分开的，由总督导部门和评估与预测司两个独立的机构开展。这一点是法国教育督导的一大特色。

在法国，督导工作和评估工作在性质、内容、方法上都有很大区别，但在功能上有相互补充，保证了法国教育事业的健康发展。相比之下，由于历史悠久，督导在行政体系上更为完备，形成了从中央到地方的三级体制，而且在人员的选拔和任用上，已经形成一套完整的机制。评估部门则是法国国民教育部下设的一个普通司局机构，在权力上比总督导部门低，而且没有全国的分支行政体系，侧重于宏观层面的教育评估工作。

2. 重视学科督导与教师督导

法国教育督导历来重视对学科教学工作的督导，无论在中央一级还是地方一级，督导人员首先必须是学科教学领域的专家，能够对学校教学工作起到指导作用。在中央一级，督学被按照学科专长分入各个学科组；在地方一级，督学要与学校有着更为紧密的联系，需要经常深入中小学校进行实地监督、调查工作。

实际上，在学科督学的工作中，最重要的一个环节便是对教师的督导和考核工作。特别是对于地方督学来说，到学校对教师的教学工作进行评估是其主要工作之一。不仅如此，学科督学对于教师的评价决定了其职称晋升与工作调动，可见其重要性。

3. 机构分工明确、督导范围广泛

法国督导历史悠久，而且在职能和机构上相对独立，使得其影响范围比一般国家更为广泛。在法国，督政与督学相互独立，分别由国民教育总督导处和国民教育行政管理与科研总督导处两个部门负责，前者负责对幼儿园和中小学进行督导；后者则主要对学校运营的行政、财务等方面进行督导，其中包括各类高等学校。

法国教育督导的监督范围不仅是基础教育和高等教育，甚至对于相关体育文化事业也有所涉及。比如，法国教育部下设图书馆事务总督导处和青年体育事务总督导处两个机构，前者主要对高等学校的图书馆和地方图书馆进行技术监督，后者则对各级各类青年体育事务进行督察。

**（三）美国教育督导的特点**

教育督导在美国公共教育发展中占有很重要的位置，教育督导制度历史悠久，从公共教育活动产生之日起就具有教育督导活动，伴随着公共教育事业的发展和教育管理理论与实践的探索，美国教育督导逐渐形成了以教学视导为特征、与教育管理密不可分的特征，并产生了科学督导、人际关系督导、临床督导、发展性督导等一系列重要的教育督导理念。具体来说有如下特点。

1. 教育督导制度与教育管理相融合

美国各州的教育制度不一，各州教育状况错综复杂，发展状况不平衡，体现在教育督导方面的法规和制度差异很大，督导人员的职务名称、资格、任用、职责和督导实施办法等在各州之间也有所不同。尽管在一些州和地方，具有独立的教育督导机构，但总体上教育督导与管理是融合在一起的，教育行政人员同时也是督导人员，教育行政管理人员，例如州教育厅官员、学区学监和学校校长等，都不同程度地负有辅导的责任。管理与辅导相互渗透。

2. 突出教学视导或辅导

在美国，督导更多的是对学校提供的系统的专业和教学服务，以协助教师改善课程及教学。督导与评估、咨询、指导相结合。美国教学视导强调督导人员和教师之间在改进教学活动中产生面对面的互动，建立相互的信任，针对教师个体的教学活动展开，切实帮助解决教学上的困难，改进教学技巧，提高教师的教学水平。因此，美国的教学视导是指向发展与改进，注重民主的方法，注重发挥教师的积极性和创造性，通过辅导，既帮助教师改进工作，也使他们在专业水平上得到提高。民主督导的含义是认同教师具有自我管理、自我提高的能力，强调教师参与教学的决策过程以及个人的创造性，教育督导应该是督导师与教师合作的、民主的过程（何玉林，袁桂林，2008）。教学视导强调现场观察和课堂教学分析。

在自身发展过程中，美国试图与传统的自上而下带有权威性的、将教师视为被监督对象的行政督导相区别，试图形成一种科学的、民主的、有组织有计划地改进和提高教学的活动。民主督导是督导师与教师合作的、民主的过程。

3. 注重教育督导理论研究

由于与教育管理相融合，美国教育督导制度与实践的发展受到教育管理理论发展的深刻影响，例如科学管理、人力资源管理等管理理论，随着学科督导和教师辅导实践的开展，教育督导的研究也随之开展起来，学者们开始探讨教育督导工作的性质、任务与内容，对教育督导实践加以研究与总结，在不同时期形成了不同的教育督导理论，从科学督导注重效率的理念，到人力资源督导注重发挥教师的创造性，再到人际关系督导注重教师的积极性和满意度以及增强督学与教师之间互动的临床督导，再到最近的旨在促进学校和教学改进的合作督导和发展性督导，不同观点的争论促进了人们对教育督导工作的认识，也形成了丰富的教育督导理论。在督导理念的引领下，美国教育督导走出了一条有别于欧洲的独特道路。教育督导理论研究的大力开展得力于管理科学的发展，得力于督导实践工作者的不断反思，同时也得力于大学开设相关专业课程和大学学者加入该领域的科学研究。

4. 对督导人员的素质要求很高

由于管理与督导相互渗透，美国的督导人员既是教育管理方面的专家，同时也是督导方面的专家，同时由于美国的教育督导注重教学辅导和对教师的帮助，他们又必须是学科教学方面的专家，具备教学视导方面的理论知识。各州的督导人员必须经过专门训练，掌握专门的知识和技能，他们都有学士或硕士以上学位，并有一定的教学和学校管理经验。在录用督导人员时，都要进行严格的考试，包括笔试和口试。虽然美国各州的教育政策有所不同，但是教育督导在各州有一个共同点，即督导队伍阵容整齐，规模庞大。从联邦教育部到基层学区，都有一支由各方面的专家、教育官员、督学、学生家长、社会各界知名人士等组成的督导队伍。

**（四）日本教育督导的特点**

日本教育督导在日本教育发展中发挥着重要的作用，日本的基础教育质量在同欧美国家的比较中获誉甚高，这同日本有一个相对完善的督导与评价制度有密切关系。随着战后日本教育管理体制的改革和教育治理理念的深入人心，日本对其传统的教育督导制度进行了较为彻底的改革和创新，形成了以下几个方面的特点。

1. 教育督导与评价系统并行

随着教育管理体制的改革，日本形成了教育督导制度与学校评价体系相并行的教育质量保障体系。两者的目的和所发挥的职能有所不同，教育督导制度旨在对学校教育和运营提出建议、帮助学校改进工作，主要通过访问学校的方式，直接地把握教育的实际情况，督导系统采取学校调查和学校认证等手段达到促使学校贯彻国家教育方针的目的，学校调查是和督学行政结合在一起，主要以指导、建议的方式对学校评价发挥作用，而对学校评价没有直接的指挥、监督权。而日本的学校评价注重对教育结果的评价，采用以自我评价为基础的多种评价方法，全面地对学校教育活动和运营管理情况进行科学的考察，保障和提高学校教育质量和学校管理效益。从主体性的角度来看，视学和指导主事制度的主体是教育行政部门及其所属的督导部门，而教育评价的主体则主要是学校来进行和组织，既发挥了教育行政部门的监督职能，又充分调动了学校自主管理的积极性和能动性，形成了日本独特的质量保障模式。

2. 强调教育督导的民主性与服务性

战后日本教育督导的性质发生了巨大变化，教育改革是高举民主、自治的理念而展开的，相应地，教育督导制度也去除了集权式和权威性的色调，改以民主性和服务性的特征，从过去强调行政命令性和权威性到当代注重指导性、建议性和服务性。日本的教育督导虽然被分为文科省、都道府县和市町村三级，然而，各级之间并不是严格的领导与被领导关系，而是平等和合作的关系。上级督导（行政区划上的）可以对下级督导进行指导，但这种“指导”绝不是命令或规定性质的，各级督导机构和督导人员具有相对的独立性和自主性。另外，督导人员在工作中，不是对学校或教师等发出行政命令，而是对其进行指导、建议和帮助。督导人员属于公务员，只有服务的义务，不能凌驾于校长与教师之上，不能以个人意志随意左右教育教学工作。他们要向学校提供服务，帮助学校改进和发展。

这里需要说明的是，指导和建议是督导工作的重心，但并不等于只是提出意见和看法，不检查、不督促。教育督导作为教育行政部门与学校等有关教育机构之间的中介，受命于文部科学大臣或地方教育的教育长，这样一来，他就不能只进行一般意义上的指导，实际上还具有传递行政意志的责任。此外，教育督导的权威也多少体现在它对学校工作的评价会影响到主管部门对教育经费补助对象以及补助金额的确定（顾明远，2002）。

3. 强调学校主体性

日本的学校评价体系特别强调学校的主体性，学校自我评价在日本评价体系中占有重要地位，学校评价体系以学校“自我评价”为基准，主体性体现在以下几个方面：①在参照国家评价标准的同时，学校自主制定目标、内容和方法，根据学校的具体情况进行评价，避免了一刀切。②在校长带领下，全员参与，在教职员经过研究讨论达成共识的基础上进行，促进学校的民主化运营。③有利于针对学校的发展方向和改进进行评价。

在外部评价上，区分利益相关者评价和第三方评价具有重要理论和实践意义。

4. 重视督导队伍的建设和专业性提升

日本十分重视督导组织的建设。从中央到地方纵向形成了一个系统完备的督导网络，各级督导机构各司其职又相互合作。地方督导队伍庞大、组织完善，日本的督导队伍中，文部科学省一级人数极少，都道府县人数最多，市町村次之。21 世纪以来，市町村教育督导配置得到了强化，都道府县和市町村的教育督导队伍不断壮大。地方督导人数远远超过了中央一级，这也说明，日本的教育督导重心移到了地方一级，教育督导民主化加强（黄崴，2011）。

在同一级督导机构中，又横向设置了专职与兼职的督导人员作为督导工作的补充和完善，如视学官与视学委员、指导主事与补充指导主事。补充指导主事占有相当的比例，尤其是在都道府县一级，补充指导主事的人数几乎为指导主事的两倍。这些拥有教师身份的督导人员经验丰富，对学校教育现场有十分清晰的了解和真切的体会，更容易与被指导者产生共同语言，这有助于督导工作的开展。

战后，日本教育督导的性质发生了很大变化，不仅强调其民主性和服务性，还对督导人员的专业素养提出了很高的要求，督导人员的专业性体现在从强调外在职位到自身内在素养。督导人员只有在掌握了相关理论并对实际操作有较好的理解之后，才能为学校、为教师提供科学有效的指导和咨询。日本对教育督导专业性的要求已经充分体现在有关规定和条例之中。此外，为了让督导人员能够专注于督导工作，让教育督导成为一个专门化的职位，文部科学省于2005年建议，减少指导主事的一般行政事务，加强其专门的工作。

5. 完善的教育督导法规体制

战后，日本颁布了一系列教育法规，建立和完善了教育法规体制，为教育行政管理活动创造了良好的法制环境。教育行政要依法而行，教育督导也不例外。诸如《文部科学省组织细则》《地方教育行政法》《教育公务员特例法》等法规都对督导人员的职责、资格、任免作出了明确的规定。这些法律规定能够规范督导人员的行为，避免了主观随意性。督导人员既不能违反法律行事，也不能不做法律规定的工作，因而一个相对完善的督导法规体制保证了督导工作的正当性和连贯性。

**（五）新西兰教育督导的特点**

通过对新西兰教育督导制度和学校教育督导系统的分析和探究，从中得到如下几方面的启示。

1. 教育督导机构独立于教育部之外

从机构设置上看，教育督导办公室与教育部平行，不存在隶属关系，是独立于教育部之外的职能部门。教育督导办公室督导的对象是全国的中小学和学前教育机构，这些机构是隶属于教育部的。可见，新西兰的督导机构与教育提供机构是相互分离的，教育督导办公室以第三方的身份参与评价，机构设置的独立性及身在教育之外的特点决定了新西兰的学校教育督导更加客观，更加公平。

2. 督导人员专业化程度高

新西兰的督导人员从知识结构、素质能力到学历都有严格的选拔标准，这些人员对于一线的教育教学和教育管理工作有着丰富的实践经验。同时，要具有分析能力和合理判断能力，对于督导中发现的问题能够准确判断。教育督导办公室的督导人员还具有团队意识和合作精神，以及良好的沟通表达能力。以上这些都是一名合格督导人员所必备的。

3. 教育督导的目的重在改进

教育督导办公室督导的主要目的在于促进学生学业成绩的提高，促进学校教育教学和教学管理水平的改进和提高，为学校提供有价值的信息参考和改进建议。整个教育督导过程侧重于帮助改进，而不是鉴定或评级。由于基于这样的督导目的，新西兰的学校不排斥督导，而且积极配合并主动参与督导过程，积极接受督导建议，并予以落实。

4. 教育督导过程中多层面参与

在学校教育督导的过程中，学校具有诸多方面的参与权利。在开始督导前，学校按照教育督导办公室的相关要求先进行自我评价，教育督导办公室的督导活动要基于学校的自评开展。在督导过程中，包括督导信息的提供、督导结果的分析、报告撰写、建议提供等方面，学校都要提供意见并参与决定过程。除学校之外，董事会、社区和家长也要参与督导过程中，提供信息，发表意见，将教育作为社会系统中的子系统，重视学校教学活动对社会的作用，重视社会文化环境对学校教育质量的影响。

5. 教育督导指标设置科学有效

新西兰学校督导指标从六个维度规定了督导的主要内容和具体方面，每个维度包括若干二级指标和具体指标。这些指标经过反复研究与实践论证后，予以确定，付诸教育督导实践，具有科学性、可操作性。督导活动是否有效，评估是否科学，督导指标是关键。督导什么，督导哪些方面都是有指标予以规定的。只有这些设置科学，督导活动有方向，目标才明确，督导才有价值。

6. 教育督导服务对象广泛

教育督导办公室的督导报告要满足学校、政府、社区和家长等多方面的信息需求，在报告完成的过程中，要多次征求各方意见才最终形成。撰写好的督导报告要分别送达学校、政府以及需要的家长和公众，还要在网站上予以公布。督导报告会针对各方需要提供丰富的信息，以便学校提高教学和管理水平，政府了解政策实施状况和调整决策，家长了解孩子的学习状况和作为择校依据。

## 五、对社会工作督导的启示

### （一）社会工作督导制度化

教育督导的经验表明，教育督导与评价制度是世界各地基本教育制度之一，督导制度对监督教育政策、法规的落实、监督和评价地方教育行政和学校的办学行为及其教学质量发挥着重要的专业问责作用，教育督导与评价制度已经成为保障和促进改革目标实现的重要手段与途径。

我国教育督导的功能是监督、检查、评估、指导和帮助，除了没有特别论述督学对教师的支持功能外，其他的功能和社会工作督导一致，从教育督导的制度及运作模式来看，行政的功能最强，教育的功能较弱。比如，英国的教育督导主要是行政管理功能，而美国的教育督导则强调民主性，重视督学对教师教学的指导等内容，行政管理色彩比较淡化。因此，教育督导对社会工作督导的启发主要体现在行政和教育两种功能上。

不同国家和地区的经验表明，保证教育督导职能与作用有效发挥的关键在于督导制度本身的健全和完善，而制度的健全与完善主要体现在教育督导的法制建设、组织机构建设和督导队伍建设上。我国从国家层面有教育督导制度和督学制度，而社会工作在国家层面目前还仅限于用规划、文件、通知等政策性文件等进行推动，尚未形成长效稳定的制度化和法制化。从 2007 年以来，国家出台一系列文件推动了社会工作人才队伍的建设，社会工作督导的建设同样需要国家行政力量层面的推进。社会工作及督导的制度化与法制建设具有两方面的重要意义。

第一，制度化及法制建设是确立社会工作督导在我国社会工作发展中地位与权威的重要保障，对于督导制度职能的发挥具有重要意义。由于社会工作专业追求民主的性质，我们在其他国家和地区社会工作的发展中也较少看到社会工作督导制度化，但是从我国国情来看，国家行政力量的推动对一个专业和行业的发展有至关重要的作用和意义，因此为了保证社会工作督导的权威性与法律地位，应该重视相关制度及法律的制定，并随着本国社会工作行业的发展变化而对这些法律法规进行适时修订。

第二，社会工作督导的法律法规是督导工作的重要依据。第一章中对于社会工作督导功能的研究表明，在实际工作中社会工作督导的行政功能占据了最主要的时间，行政功能则涉及监督、检查、指导、评价等方面，这些对于社会工作机构及工作者个人的发展至关重要，我们可以看到各国和地区的教育依法督导的特点都十分突出，因而，为了确保社会工作督导工作的科学性、规范性，减少乃至避免随意性，应该建立社会工作督导的法律法规，做到真正意义上的依法督导。

如何培养督导人才、留住督导人才、用好督导人才，是我国社会工作督导制度建设的目的和原则。在中国特有的环境下完成其帮助社会工作的使命，是中国未来社会工作督导制度发展的核心任务。

明确本土化社会工作督导制度建设思路。探索建立适用于我国本土情况的督导发展模式，坚持学校督导和机构督导相结合，发挥我国政府支持力度大、学校资源雄厚、社会工作队伍年轻学习能力强的优势，打造一支专业素养、职业化水平高的社会工作督导人才。紧紧围绕我国社会工作事业发展需求，构建和完善我国社会工作督导制度，重点培养一批专业督导人才。坚持社会工作的专业化、职业化发展方向，以社会工作者的职业能力建设为核心，推动社会工作督导队伍的专业水平提高，有效满足日益多元化、复杂化的社会需求，推动社会工作协调均衡发展。

明确督导人才合法身份，为督导职业化发展奠定基础。加快社会工作立法进程，进一步建立健全法律法规、部门规章和政策性文件相配套的社会工作督导政策法规体系。建立长期稳定的督导制度，将督导人才建设作为国家社会工作人才队伍建设的重要组成，在社会工作人才建设规划的基础上，明确“十三五”期间社会工作督导人才建设具体目标，根据社会工作事业发展需求，量化督导人才具体指标。完善各项配套制度，建立长期、稳定的督导制度。制定社会工作者条例，用立法保护社会工作者和督导人员的权益和服务对象的权益。

加快总结提炼适合本土情境的社会工作督导发展模式。督导队伍的发展不可能一蹴而就，需要有不同督导培养模式的探索，并不断将本土督导经验传承和发展。应鼓励各地结合社会工作和社会工作督导发展实际，借鉴我国的先进经验，探索适合本土情境的督导发展路径。加快总结各地先进经验，提炼其中可推广、可复制的经验，作为制定国家督导制度的重要参考。

加大政府财政专项投入与鼓励社会力量参与并重。将社会工作督导人才培养纳入国家人才工作总体规划中，享受相关人才政策；将社会工作督导人才队伍建设所需资金列入财政预算，鼓励和支持社会工作行业机构建立社会工作督导人才专项发展基金。继续完善政府购买社会工作服务机制，将督导服务纳入政府购买社会服务目录，充分发挥政府采购机制的乘数效应。加大对机构督导服务补贴力度，支持督导培训机构和平台建设，支持各社会工作服务机构寻求多渠道资金来源，引导和支持社会力量参与社会工作督导发展中。

增强行业协会在督导职业化发展中的统筹作用。建立我国本土社会工作督导联合会，集中制定指导督导发展的职业准入标准、服务标准、薪酬福利标准、权益保护等；整合政府、高校、专业人才资源，打造督导人才培训的综合性平台；实施对全国社会工作督导人才的管理、监督职能；指导第三方评估机构进行督导服务评估；维护督导人员权益，改善督导人才福利待遇（周京，2018）。

### （二）社会工作督导机构的独立性

在教育督导中，为了保证教育督导结果的客观公正性，英国和新西兰都非常强调督导机构的独立性，教育督导机构和教育部作为平行的部门存在，我国教育督导机构目前还均设在教育行政部门之下。在社会工作服务中，督导需要监督和检查社会工作服务的质量，评估社会工作机构的专业性、胜任力等，评价社会工作者的专业胜任力，对整个行业负责，如果督导机构设置在社会工作机构之下，则会影响监督、检查与评估的客观公正性，会产生“既是运动员，又是裁判员”的不公平情形，从这些方面来讲，督导机构或督导师则需要独立于社会工作服务机构，同时也需要独立于服务购买方，当前在我国，社会工作服务的购买方主要为政府下设的各级各类行政及事业单位，如民政部门、街道、基金会等。

社会工作督导机构的设置从横向结构来看可以有两种类型：①独立设置型：督导机构相对社会工作行政单位而自成系统。②混合设置型：业务部门兼有行政与督导的职责。从两种模式的比较来看，独立设置型督导的权威性更强、督导的职能与作用更加明确和有效。但是混合模式在合作和协同上有一定的优势。

社工督导机构的设置从纵向结构来看也可以有两种做法：①从中央到地方逐级设立自上而下的督导机构。②只设立某一个层级的督导机构，保持督导工作在某一层级上的相对独立性和自主性。

### （三）社工督导的实施标准和框架

各国和地区教育督导法制建设上的一个重要发展趋势是，各国和地区都重视相关督导细则和方案的制订，在督导机构中有专门的力量来研发和设计这些方案和大纲。督导实施细则和框架则规定了督导与评价的方法、程序、标准、过程、结果处理、信息分析、工具等方面的详细内容，是保证督导评价工作科学性、系统性、标准化的关键。

社会工作督导框架可以详细地制定出督导目标、方法和内容，督导的类型、频率以及重要性。这些可以按照社会工作服务领域划分，如学校社会工作督导框架、社区社会工作督导框架、残疾社会工作督导框架、医务社会工作督导框架、司法社会工作督导框架等；也可以按照督导功能来划分：行政性督导框架、教育性督导框架、支持性督导框架等。

**（四）督导人才队伍建设**

各国都非常重视加强教育督导队伍的建设，社会工作督导人才队伍建设也可以从中获得一些启发。

1. 督导类型的区分

在教育督导中，随着督导评价工作的专门化发展，督学也呈现出多样化的结构，同时以专职督学为主。从类型与结构来看：①各国和地区根据本国国情设置不同类型的督学，类型趋于多样化，这从另一角度说明了督导工作向专业化方向发展，不同类型的督导工作需要具有特殊专长的督学。②有的国家和地区特别将管理、规划、政策制定、研发、监督与实际从事督导的人员的责任进行分化，体现了对督导工作领导、监督、规划、决策、研发的重视。③以专职督学为主，根据需要聘用一定数量的兼职督学。④督政与督学人员区分。例如在英国，国家督学分为两大类：一是负责督导工作总体规划、评估工具研究与开发、对督导工作进行监督等的“二线督学”，二是实际履行督导职能的“一线督学”。而在真正实施督导的“一线督学”中又包括：注册督学：即领导一个督导小组对学校进行督导评估的专业人员，一般要求他们具有丰富的督导经验，曾经担任过督学小组负责人。督学小组成员：一般督学被称为督学小组成员或独立督学，他们不是由政府选出或指定，一般是督导中介机构负责督学的选拔和培训。外行督学：根据《1992 年（学校）教育法》，允许那些对教育感兴趣且又愿意参与的非教育专业人员成为外行督学，这是这次督导制度改革的一项新举措，要求每一个督导小组必须有一名外行督学，外行督学必须是“非教育专业人员”，即他们没有任何的学校教学或管理经验。

社会工作督导也可以从类型和结构方面进行分类发展。①行政督导与专业督导区分：社会工作督导功能中虽然行政在实际中占据主要分量，但在实际研究中也发现，一线社会工作者对督导的支持性功能需要占了上风，而实现社会工作督导的行政功能需要督导师丰富的宏观机构管理以及项目管理经验，需要具有很强的权威性，支持性功能则需要督导师有很强的个案或团体微观实务经验，某种程度上需要和受督者有相对平等、尊重的地位，才更容易实现专业支持性功能。②专职督导与兼职督导区分，专职督导应该是社会工作督导机构的全职工作人员，兼职督导应该是督导机构聘用的符合条件的社会工作专业及行业中的资深人士，实现以专职督导为主，兼职督导为辅的工作框架，或者专职督导更多实现行政功能，兼职督导中的高校社工专业教育人士实现教育功能，兼职督导中的行业资深社工实现支持功能。③根据社会工作服务的具体情况设置不同类型的督学，比如个案督导师、团体督导师……可以按照工作方法区分，也可以按照工作领域区分，类型趋于多样化，促进督导工作向专业化方向发展，不同类型的督导工作需要具有特殊专长的社会工作督导师。④增强社会工作服务机构内生培养能力。坚持外部督导与内部督导互动合作、实习督导与机构督导同步推进发展原则，充分发挥境外督导、高校社会工作教师等外部督导力量的作用，立足于社会工作服务对象需求、机构发展实际情况等，探索培养机构内生督导培养模式。全面提高社会工作服务机构提供专业社会工作服务和督导服务的能力，加强机构提供专业社会工作服务的能力，增强机构自身造血能力；完善机构管理制度，明确督导岗位设置，合理设置相关薪酬和晋升机制；合理界定外部督导和内部督导职能定位，建立两者互联合作的良好关系。

教育督导队伍建设在质量方面，各国和地区都走出了以职位高低和外在身份作为选拔督学的重要条件，而是更加看重内在的素质；重视教学和管理经历和人文特质，在选拔程序上，任命和指派的国家和地区在减少，以公开、公正、公平程序进行选拔的国家和地区越来越多。社会工作督导师的选拔同样需要重视一线社会工作服务经验、社会工作机构管理经验以及个人特质等，需要通过制定统一标准进行公开选拔。

2. 督导师是督导工作的专业化保障机制

督导工作的性质决定了其高度专业性。首先，在职能上，督导机构区别于其他教育行政部门，教育督导机构不负责教育决策、执行和日常管理等教育行政工作，它是专门负责进行监督、检查、评价和指导的机构。其次，在工作方式上，行政职能部门主要靠行政指令来行使其职能，而督学的工作方式主要依靠系统科学的评价方法与工具来达到督导评估的目的，因此教育督导机构的职能具有专门性和专业性。最后，督学是组成督导队伍的个体，也是开展教育督导工作的主体，个体的素质决定着整体的效率与质量，也直接关系到教育督导工作的权威性，因此明确督学的任职条件，确立公平、公正、公开、择优录用的遴选机制和培训制度是十分必要的。

社会工作督导师也应该来自专门进行监督、检查、评价和指导的督导机构，督导师的工作方式也需要依靠系统科学的评价方法和工具来实现评估的目的，督导师个人的专业修养及整体素质直接关系到社会工作督导的权威性，同样需要明确严格的任职条件，确立恰当的遴选机制和培训制度。

（1）督导师的条件与素质要求。教育督导工作政策性、导向性强，专业化、信度、效度要求高，这项工作的高度专业性决定了对督学必须具有较高的要求，决定了对督学的选拔和任命必须确立一种适当的、可测定的标准，以确保督学的质量，增强教育督导工作的权威，因此各国和地区对什么样的人才能做督学从素质到资格是有一定要求的。总结起来，一般从年龄、学历、教学经验和管理经验、个性品质几方面来考察。

西班牙的国家督学，有大学本科及以上的文凭；参加全国公务员统一考试，并取得公务员资格；至少有 6 年教学经验。国家督学不参加考试，是挑选出来的。一旦取得国家督学资格，将是终身的。目前，西班牙共有 15 名国家督学分别从事某一方面的工作。德国对教育督导人员的要求是，申请人应具有多年的执教经验，并有优良品德、组织能力，通常需担任过校长、副校长和新教师的培训工作。要求必须有大学以上学历，学过教育和课程评估专业。

社会工作督导师的条件及素质要求可以从学历、专业、社会工作一线从业经验和管理经验、个性品质几个方面来考察，这几个方面缺一不可。

（2）招聘程序。公开、公正、择优录用的程序是保障督学专业化的重要机制、是保证督学享有崇高社会威望和公信度的基础。世界各地都有严格的遴选程序。西班牙各级专职督学必须在公务员队伍中选聘。也就是说，要想进入专职督学的行列，必须先进公务员队伍；或者说，只有先通过公务员的考试后，才有资格参加专职督学的选拔考试。我国是从教学人员中选聘，也就是必须在教育教学机构中工作，有教育教学方面的背景，在目前实行教师资格证的情况下，需要具备教师资格证才可能进入教育机构。社会工作督导师的队伍建设可以从以下几个方面开展。

成立选拔组织：成立由地方社会工作管理部门任命的评审委员会。进行资格审查：按照组织委员会制定的办法对参选者的职业行为及其作为社会工作者的特殊的、具体的业绩进行评估，通过审查者，才可能进入录用考试阶段。举行录用考试：考试内容应该是社会工作理论知识、实务技巧、项目管理知识、督导知识等。实践试用期：确定试用期的时间，参加实践试用期的人员，试用结果将由地方社会工作督导部门进行评价，被鉴定为“合格”的候选者获得“社会工作督导师”相关资格认定。进入督导师队伍后，还要参加地方社会工作行政部门定期组织的“岗位竞争”，最后上岗。参加督导师业务培训和见习。

3. 督导队伍的继续教育

选拔出来的督导师基本都是行业中的佼佼者，素质优良，至少都接受过本科学历教育，甚至拥有名牌大学研究生学历。但是，由于督导工作是一项操作性、实务性特别强的专业性工作，要提高自己的能力，给受督者以正能量，进行有效的督导，就离不开学习。首先，督导师要认真学习“专业理论知识”。由于国内社会工作专业教育相对滞后，虽然大多数督导培养对象已经接受过至少 4 年的社会工作专业教育，但跟成熟社会工作制度下的社工专业毕业生相比，我们的专业理论还不很过硬，至少是不够扎实。所以，无论是在培训还是在工作中，必须静下心来认真学习专业理论知识，切实提高自身的专业水平。其次，督导人才要认真学习“实务操作技巧”。要成为一名优秀的督导人才，不仅需要扎实的专业基础和良好的职业素养，更需要具备较强的综合能力和丰富的实践经验。仅仅依靠“书本知识”，单单凭借“专业理论”，很难指导受督者去面对差异化的服务对象、解决多元化的个体需求，也难以帮助受督者去进行多层次的资源整合。因此，作为督导师，要在掌握一定专业理论知识的基础上，坚持“边干边学，边学边干”，不断提高自己的实务操作能力。最后，坚持专业化与本土化相结合，是当前国内开展社会工作所必须始终坚持的一个问题，也是成长为一名优秀的督导人才所必须高度重视的一个问题。社会工作做的是与人有关的工作，注重多元文化至关重要。从目前来看，相当一部分督导人才来自全国各地，而非服务机构当地培养，对于非本土的城市认知程度很可能不尽一致。为此，要“入乡随俗”了解所在城市的特定文化。

# 小　结

本章从现实的角度梳理了我国社会工作的行政框架。我国社会工作发展的历史较短，社会工作督导的历史更短，仅仅是这几年的事情，大体上可以从制度的顶层设计、外聘督导模式和人才队伍的本土化培养三个方面来梳理。在当前框架下，我国社会工作督导也存在着许多问题和困境，包括外聘督导作用的局限性、督导培训存在的问题、督导制度建设的问题、督导功能结构失衡、督导师缺乏身份认同和激励机制、缺乏权威的专业督导标准体系等。

教育督导的功能主要是行政性功能，我国目前有比较完善的教育督导制度和督学制度，其他一些国家也有非常先进的做法确保教育督导功能的实现。通过了解和分析几个国家的教育督导制度，社会工作督导可以从制度化、督导机构的独立性、社工督导的实施标准和框架以及督导人才队伍建设四个方面得到很多启发。

# 第三章　社会工作督导模式

社会工作督导模式的发展以20世纪80年代为界大体可以划分为两个阶段。从19世纪初到20世纪50年代期间的主要趋势是借用心理学理论尤其是弗洛伊德的心理治疗发展社会工作督导模式。直到20世纪80年代，将督导视为一种关系疗法的精神治疗模式都是社会工作督导的主流模式。20世纪80年代之后，有学者开始从社会学理论中建立更多元化的社会工作督导模式，如Shulman建立的互动督导模式，Rich建构的整合模式，Holloway建构的系统取向督导模式和提出的发展的系统模式，Tsui发展出的文化敏感性的整合模式，O'Donoghue提出脉络取向中重述督导的建构主义视角下的社会工作督导框架，Falender和Shafranske提出能力为本的督导模式，等等。

## 第一节　督导模式的分类

按照受督者的人数、督导的场域和媒介、督导的目标、结构、功能和关系、督导的文化等元素为维度，以往主要的社会工作督导模式可以分为以下几类。

### 一、以受督者人数的多少为维度的督导模式

这种督导模式主要包括个案督导和小组督导两种模式。

个案工作督导模式是督导师对受督者进行一对一的单独督导，督导师角色包括所有行政、教育及支持上的功能。1992年Kadushin在美国全国调查中发现，83%的督导师和79%的受督者都表示，个案督导是督导的主要形式。

小组督导模式则是指由督导师带领一群受督者定期以小组的方式，就社会工作人员在专业服务过程中遇到的难题开展讨论。小组督导的特征是小组督导师与受督者之间的权力要比其他督导模式更为平等，在这个模式里受督者感到有更多的自由可以和督导师进行沟通，甚至可以表达对督导的不满（Kadushin，Hakness，2002）。

## 二、以督导的场域和媒介为维度的督导模式

按照督导的场域来划分督导模式，则包括现场督导模式、网络和电话督导模式。

现场督导模式是指督导师实际参与受督者提供服务的过程，通过亲自观察来指导受督者，必要时督导师可直接介入服务为受督者进行现场示范。这种督导模式将督导互动推进到距离工作现场更近的地方，使督导师的指点更加直接和及时，有利于受督者问题的解决和个人的学习反思。

电话和网络督导模式是指用电话或网络作为督导的媒介而进行的远程督导形式。电话和网络督导的内容非常广泛，可以包括教育性、行政性、情感性各方面的内容。电话和网络督导是现场督导的补充形式，其优势是打破了时空的限制，具有较强的时效性。

## 三、以理论为维度的督导模式

以此定义的督导模式主要包括实践理论督导模式和系统取向的督导模式。

实践理论模式主要应用当时已经比较成熟的治疗理论作为督导的模式。系统取向的临床督导模式是由 Holloway 提出来的，该模式由实证性、概念性和实务性的知识基础发展出七个向度——督导关系、督导师、受督者、机构、案主、任务和功能，这七个向度构成了系统取向督导模式的七大元素（Holloway，2006）。

## 四、以目标、结构、功能和互动关系为维度的督导模式

以此为维度的督导模式主要有功能模式、整合模式、互动过程模式、权威模式和同辈督导模式等。

功能模式强调社会工作督导过程中的三大功能：行政功能、教育功能和支持功能。行政功能的发挥需要督导师依据机构的政策、规章、制度，

结合机构的目标对受督者进行行政性督导，行政性督导涉及的是执行管理层面。教育性督导涉及的是知识层面，教育功能的发挥表现在员工的社会工作专业理论知识和技巧得到提升，专业实践能力有所发展。支持性督导涉及的是情感层面，目的是改善社会工作人员的工作满足感、提升其工作动力及对社会工作的专业认同感。督导的功能模式为督导师提供了清楚的督导方向（Kadushin，Harkness，2008）。

整合督导模式是 Rich 发展出的一个综合模式，它由四个督导功能（促进功能、发展功能、社会化功能、提供服务功能）、六个督导步骤（关系建立、计划制订、观察、分析、会议讨论、跟进）和六个基本元素（协同的环境、督导关系、结构元素、督导技巧、学习经验、督导角色）构成。（Rich，1993）

Hart 等人提出的互动过程模式强调注重督导过程中督导师与受督者之间的互动。该模式有两种：发展模式和成长取向模式。发展模式的重点是督导师需要在督导的过程中了解受督者的发展阶段，并有针对性地提供受督者在该阶段所需要的技巧。Gitterman 提出成长取向的重点是提高受督者对个人自我和专业自我的了解（徐明心，2008）。

权威督导模式主要强调督导师和受督者之间的权力关系。Munson 指出有授权型和能力型两种权威督导模式，授权型的督导师相信权威来自其自身所处的位置，能力型的督导师相信权威来自于其自身所掌握的专业知识和技巧等（Munson，1993）。

同辈督导模式是指由一群志同道合、有相同需求、观点、技术层面或共同价值的受督者组成，利用共同参与的个案讨论会或咨询会取代定期的个别督导会议的督导模式。同辈督导模式成功的条件之一是：团体成员必须是成熟的、有经验的、能提供重要贡献于个案讨论，并对他们的个案负大部分责任（廖荣利，刘安屯，1982）。

## 五、以专业为维度的督导模式

以专业为维度的督导模式主要是指科际整合式的团队督导模式，亦称为跨领域督导模式。在此督导模式中，督导团队的成员可能来自不同的专业领域，有时甚至可能出现不同的团队为同一案主提供服务的情况。该模式定期举行会议，根据团体程序，就某一个案或具体问题进行“联合作战”，共商决策。

### 六、“文化敏感取向”的社会工作督导的整全模式

徐明心在中国香港的文化脉络下审视了督导的方式、目标、关系、权威以及理想中的社会工作督导，通过对北美文献中的督导模式进行修正、丰富和发展，于1997年建构了“文化敏感取向”的社会工作督导的整全模式。徐明心指出文化才是督导的主要脉络，以文化为维度的社会工作督导模式强调“文化”在督导过程中的作用和意义。徐明心的研究在社会工作督导领域的最大特征有两点：一是文化敏感取向；二是人在环境中的范式（徐明心，1997）。

### 七、“脉络取向”的建构主义社会工作督导框架

新西兰的社会工作督导学者O’Donoghue在《重述社会工作督导》一书中以建构主义为理论视角，提出了脉络取向的社会工作督导框架。该框架的独特之处在于建构主义视角和多元多层次的脉络取向以及督导的社会工作原理的基石。

### 八、“结构为本”的督导概览图

Bernard通过总结过往督导的模式，提出一个督导“概览图”。这一框架的目的在于推动建构一个专业化的督导，尤其是推动建构一个组织督导的领域和对法律、伦理的理解，关注督导模式，等等（Bernard，2005）。

本章将介绍两种基于心理治疗理论的督导模式——心理动力学督导和人本主义督导，一种关注督导师如何对成长中的受督者进行工作的发展模式——受督者发展阶段督导模式，一种关注受督者胜任力提高的督导模式，一种与传统督导关系不同的赋权视野下的督导模式，和基于我国实务现状的以项目为本的多元联合督导模式。

## 第二节　基于心理治疗理论的督导模式

### 一、心理动力学督导

我们在社会工作督导的历史中已经看到，精神分析治疗在20世纪

30—50 年代期间对社会工作督导产生了深远的影响。后来虽然社会工作领域强调要“去治疗性”，但是毋庸置疑，这些概念已对督导的理论和实践产生了远多于其他任何一种理论的影响。比如，我们在本书中讨论的督导关系、工作联盟和平行关系等概念，都是从心理动力学衍生出来的概念。它们成为任何一种理论取向的督导师共同的工作特点，并且在整个督导概念中具有支配性的地位。当下在实际督导工作中，仍然有一些社会工作者和督导师采用心理动力学开展个案工作和督导工作。

Freud 为人类所作的贡献不仅归功于他发明的谈话疗法，还因为他是第一位心理治疗督导师，社会工作的督导也是在同样一个时间里开展起来的。Freud 是对实际的治疗工作进行督导，“有相当数量的年轻医生会聚在我的周围，表达出他们想要学习实践和传播精神分析知识的意愿”（Freud，1986）。

1995 年，Jacobs，David 和 Meyer 认为第一次有记载的精神分析督导发生在对 5 岁的小汉斯这个男孩的治疗中。这个男孩有一种恐惧，担心他所看见的拉四轮马车的高大马匹中，有一匹会咬他，并且马将倒下。在这个个案中，Freud 通过孩子的父亲开始工作，“为了尝试帮助他的儿子，Max Graf 开始和儿子面谈，并且向 Freud 详细报告各时间段的工作。”Freud 开始将小汉斯的处境看作是俄狄浦斯情结的一个例子，他表示：“小汉斯的恐惧来源于他被压抑了对母亲的性渴望和对父亲的竞争性以及希望父亲死去的愿望，这个小男孩采用建立厌恶、羞耻和禁止的屏障和患恐惧症的办法试图去消除这些令人难以接受的愿望。”

Jacobs 等人这样描述：是首次对心理动力学取向督导的详细记载，Freud 似乎并没有意识到这个教育的经验对于事件中所有人是多么的纠缠不清和难以接受，有时候，甚至不清楚是谁在为小汉斯进行治疗，是 Freud 还是这个男孩的父亲。在对治疗督导的大部分时间里，Freud 采用的是建议和说教式的指导，尽管存在不足，但经过这个教育的过程，病人的情况好转了，治疗师对病人的心理动力过程建立了更深入的理解，同时督导师也对他的观点进行了更进一步的发展和详细的加工。

2001 年，Frawley-O’Dea 和 Sarnat 指出：Freud 是第一位督导师，因为他代表了我们每个人都对之保持着某种类型移情的督导师原型。在他的督导模型中，他将一种与他的治疗模型相类似的实证主义思维方式和坚持作为真理、知识和力量的最后仲裁者的一种地位联合起来了。

心理动力学的概念和实践：督导不久后便成为精神分析工作的一个结构化的方面。1991 年，Frayn 认为正式的心理治疗督导是在 20 世纪 20 年代早期，由 Max Eitingon 首次在柏林精神分析学院开始进行的。20 世纪 30 年代，曾经出现过两种观点的争论，一种坚持认为督导应该是受督者个人分析的延续，分析的关注点也应该是受督者在治疗中的移情和他在督导中的反移情；另一种观点认为移情和反移情的问题应该在个人分析中进行讨论，而督导本身应该重点强调教诲式的指导。

1972 年，Ekstein 和 Wallerstein 是最早建立督导模型的人，大部分心理动力学派的（以及许多其他）督导师都接受了这种模型。他们认为督导师是一种教学和学习的过程，这一教学过程特别强调病人、治疗师和督导师之间的关系，以及三者相互作用的过程。督导的目的不在于提供治疗，而是教学，督导师跟受督者一起紧密工作的原因是为了他们学会如何理解在解决督导师和自身关系冲突中的心理动力学，从而有益于将来与案主的工作。

由于精神分析学广泛的观点和丰富的概念，因而它在整个督导中不断地提供各种观点和概念，精神分析学的作者为督导文献贡献了丰富的学术成果。在这些成果中，Frawley-O’Dea 和 Sarnat 的作品具有充分的新颖性和良好的表述，从而达到了明确论述的效果。尽管是以心理动力学理论为背景，他们的模型依然是具有自身特点的督导模型。我们把这个模型介绍给大家。

为了使读者更好地理解他们的模型，Frawley-O’Dea 和 Sarnat 回顾了心理动力学督导的发展，他们观察到最早的督导是“病人中心的”，督导师的注意力集中于案主动力学上，并且采用的是教诲式的方式。后来，由埃克斯坦和沃勒斯坦等心理动力学督导师开始采用“受督者为中心”的督导，对受督者的动力学给予更多的关注。

Frawley-O’Dea 和 Sarnat 提议用于描述督导模型的框架为所有的督导提供了一个有用的概念图，它包括以下三个维度。

维度 1：与受督者关系中督导师权威的本质。督导师的权威可以理解为是两个极端情况之间的连续体上的某一点。一端是来源于督导师在督导中所采用知识的权威。他的立场是作为一个客观的和不参与的专家，帮助受督者认识到，“关于病人的思维什么是‘真实的’，‘正确的’技术是什么”。另一端是来源于督导师参与行为的权威。他当然比受督者具有更多的专业知识和技能，但是不作绝对性的知识性断言。他的权威存在于督导师—受督者的关系过程之中。

维度 2：督导师的关注点。这一维度是指督导所基于的相关资料，具体地说督导师可能将关注点集中于：①案主；②受督者；③督导师与受督者之间的关系。

维度 3：督导师主要的参与模式。它指的是督导师可能采用的角色和风格。这里所描述的角色和风格，有说教式的老师，苏格拉底式的提问者，受督者的情感容器，等等。

总之，我们完全可以确定，精神分析模式或心理动力学模式，对督导领域的影响是无可匹敌的，它们具有史诗般的重要意义，同时它们也提供了丰富的观察资料，并为督导贡献了多种多样的概念。

## 二、以人为中心的督导

社会工作受以人为中心的理论影响非常大，社会工作价值观中的尊重、接纳、不批判等理念都和以人为中心理论倡导的价值一致。督导是 Carl Rogers 所重点和长期关注的一件事。

对于那些后来被统称为以人为中心模型的治疗师们，督导也同样占据着重要的核心地位。

Rogers 是最早报道，采用电子技术记录面谈过程，并将记录用于督导用途的人之一。

Rogers 在聆听这些早期的治疗会谈录音后总结说，在非指导性方法中，仅有说教式的训练是不够的，只有当学生们能够直接触及面谈内容的时候，他们才能发现自己的自然倾向是提供忠告建议还是控制治疗进程。这和 Patterson20 年后的观点是一致的，就是说，尽管以人为中心的督导既非教学，也不是治疗，但它却是融合了教学和治疗元素的一种有影响力的过程。

Rogers 个人的督导概念似乎更倾向于治疗，再一次与 Goodyear 的谈话中，他作出了如此的陈述："我认为我的主要目标是帮助治疗师建立自信，同时使他增加对自己的理解，从而增加对治疗过程的理解，从这个方向来看，我们发现探索治疗师，在与案主一起工作时所感到的任何困难，都能获得丰富的成果。对于我来说，督导成了治疗性面谈的一种修改的形式。"

后来当别人问他如何区别督导与治疗的不同时，Rogers 回答道："我认为没有什么明确的方法。治疗和督导其实是一个变化发展的连续体。有的时候治疗师们一开始讨论与案主工作的一些问题，然后，会转向深入地观察自己，这时是纯粹的治疗，有的时候治疗师们更加关注相互关系中存在的问题，就明显是督导。但是即使在这种情况下，我仍然会跟随着治疗师的引导。唯一不同的是，我可能会感到相对我亲自面对案主而言，我在督导中会更自由地表达我认为合理的做法。”

从 Rogers 的话语中可以清楚地看到，他的咨询理论使得他在督导中表现出一种更直接的影响形式。他相信促进性条件（如真诚、同理、温暖）对于受训者和案主是同样必要的。1980 年，Rice 将以人为中心的督导描述为在关系的环境中依赖于一个过程的理论。成功的以人为中心的督导师，必须充分信任受督者有内在的能力和动机是获得成长并探索治疗环境以及自身。这也是一个治疗师同样应具有的信任。1983 年，Patterson 也强调了治疗和督导中的条件及过程的相似性。

Patterson 和 Rice 都概括地论述了督导师必须向受督者示范对于人性和改变的态度，以及对自身的态度。首先且最重要的就是对于成长动机和个人的辨别能力，以及走向自我实现能力的信念。不能接受这种信念的受训者，将来也无法为案主提供这种促进案主改变的心理环境，影响成功应用这一理论的其他因素，还包括对心理动力学潜意识的强烈信念，督导师在一定程度上需要对治疗进行控制或更具指导性，最后治疗师和督导师必须自我接纳，并且能够为彼此双方以及案主感到自豪。

Rogers 的观点对于督导，尤其是培训，产生了深刻而久远的影响，目前用于培训学生个案工作方法和助人技能的大多数课程所采用的理念和方法都是直接从罗杰斯的理论衍生出来的。

## 第三节　督导的发展模式

本节将主要描述独立于心理治疗的特定模式之外，专门发展而来的督导模式。这个特别的部分将集中于那些被描述为发展新方法的典型模式，主要关注点是受督者在获得训练及督导经验时，如何发生改变的？尽管这些模式都涉及督导师如何对成长中的受督者进行工作，但它们的彻底性和特殊性，在程度上是有所不同的。

Chagnon 和 Russell 指出，发展性的督导概念基于两个基本的假设。第一个就是在提高能力的过程中，受督者要经历一系列性质各不相同的阶段；第二个假设是，如果想使受督者获得最佳的满意度和职业成长，就必须为受督者经历的每一个不同阶段，提供不同性质的督导环境。

几个关键的发展督导模式，分别发表于 20 世纪 50 年代、60 年代和 70 年代。在这里，我们只介绍其中的 Ronnestad 和 Skovholt 的模式，帮助读者理解督导过程中要关注受督者所处的特定发展阶段和任务，以此为基础开展更加有效的督导工作。

大多数关于助人者发展的模式主要都关注于大学毕业生和实习医生培训的阶段，然而职业发展和我们的个人发展一样，是永远不会停止的。Ronnestad 和 Skovholt 正是指出了助人者一生中不断发展的道路，因而他们的工作的确十分重要。它不是唯一一个根据数据归纳法而得出结果的研究，但它却是最早来源于定性研究的一项工作。

这个模式把受督者分为 6 个发展状态，并论述了每个状态中的特点和任务，以帮助督导师更有针对性地开展督导。

状态 1：外行帮助者的状态。新手已经具有了帮助他人的经验（如，作为朋友、监护人或同事）。“外行帮助者的典型特点就是迅速地确定问题，给予强烈的情绪支持，然后根据自己的经验提出建议。”外行帮助者倾向于界定问题，趋向于过度地参与，表达同情而不是同理心。

状态 2：初级学生的状态。尽管这对于学生们而言是一个令人兴奋的阶段，但是他们通常会感到依赖、敏感和焦虑，并拥有脆弱的自信。因此，他们尤其重视督导师的鼓励与支持，无论从督导师还是从案主身上察觉到的批评都会对他们的自信和士气产生严重的影响。他们主动地寻求以“正确的方式”完成自己的职责，寻找可以效仿的模型或专家级的从业人员。

状态 3：高级学生的状态。这些通常处于高级见习或实习阶段的学生，他们的中心任务是在一个基础专业水平上行使自己的职责，他们感到有压力促使自己“正确地做事”，因此通常都有一种保守、谨慎和严格的风格（相对于放松、冒险随意的风格）。

这一状态中的学生认识到他们已经从培训中获益并感觉到舒适，然而他们仍会产生不安全和脆弱的感觉。督导所提供的支持和肯定作用变得更为重要。同时，对初级学生进行督导的机会“能够成为高级学生的一个有力的影响来源”（Ronnestad，Skovholt，2003），这使他们能够看到自己已经学会了多少。不仅如此，提供督导的过程也能帮助他们巩固所学的知识。

状态 4：新任专业人员的状态。由于不用再受学校的要求和督导的制约，刚毕业之后的几年可能会是一个随心所欲、令人兴奋的时期。然而，许多人仍发现他们并非如想象的那样做好了准备。

新任治疗师逐渐将自己的人格融合于治疗中。随着这一过程的进展，治疗师会变得更加应付自如，这一时期他也在探索适合自己的工作角色和环境。

状态 5：有经验的专业人员的状态。具有一定资历和某些类型经验的咨询师和治疗师的核心发展任务是发现一种可以建立专业权威的方式，特别是要建立一种与他们自身的价值观、兴趣和人格高度一致的工作风格。基本上，这些治疗师都已经开始明白治疗关系对于案主的改变是至关重要的。他们在技术应用层面也已经达到非常灵活并具有个性化的水平。同时，他们逐渐明白要想对所遇到的情形都找到明确的答案通常是不可能的。

这种状态的一个特征就是，治疗师有能力调整自己对案主问题的参与水平，因此他们可以在与案主工作时全身心地投入，随后又能够从此情境中脱离出来。案主是一个宝贵的学习资源，是许多治疗师对初级专业人员进行教导时的重要途径。在此阶段，他们通常也将目光投向职业之外的领域，如宗教或诗歌，甚至是剧院或电影院，由此来扩大他们对人们的了解。

状态 6：高级专业人员的状态。这些专业人员通常已有 20 年以上的经验，其特征是已经建立了非常个性化和可靠的方法。尽管他们感到自己的能力足够胜任工作，他们通常对于自己给予案主的影响作用更为谦虚。他们对于本领域中出现的新事物也常抱有怀疑态度。丧失是本状态中一个重要的主题。这种丧失包括预期性的，比如他们想象自己即将退休的日子；同时又是现实性的，因为“比他们年龄更大的专业人员都已逝去，并且同年龄的同事一般也不再是强势的影响源”。

总之，尽管它在督导中的应用并不像其他一些模式那样直接，但这是一个独特且重要的模式，它的描述性多于指导性。

# 第四节　基于胜任力的督导模式

在此之前，都是基于心理治疗的督导模式，也就是基于理论的督导模式，督导风格受督导者治疗理论取向影响，社会工作也是在某种理论取向上的知识、能力的发展，不是着重于胜任力。第二个是发展模型的督导，着眼于受督者不同的发展阶段。还有一个基于胜任力的督导模式，是 Carol Flalender 等人一直倡导的。2015 年美国精神病协会（American Psychiatrie Association，APA）发表《健康服务心理学中的临床督导指南》就是以这一模式为基础，“指南一个总的目标就是通过使用胜任力框架提高临床督导的质量，从而使受督者的胜任力不断得到发展，实现他们保护求助者和公众的义务和责任”。

基于胜任力模型，也称为元理论模型，强调的是知识、能力、态度的胜任力。这个胜任力特别强调元胜任力，即受督者对自己胜任力的认识。元胜任力（Metacompetence）是指在督导的过程中要培养受督者自己对自身胜任力的认识，他要清楚地认识到哪一方面具有胜任力，哪一方面不具备胜任力。

助人者的临床胜任力，主要分两个领域：基础胜任力（Foundational Competencies）和功能胜任力（Functional Competencies）。胜任力又可分为三个水平：可以开始见习的胜任力水平（Practicum），可以实习的胜任力水平（Intership），可以开始执业的胜任力水平（Practice）。

## 一、社工的基础胜任力

### （一）基础胜任力——反思性实践

（1）内视内省的意愿。

（2）自我表露。

（3）基本的正念能力和自我觉察。

（4）自我评估。

（5）自我照顾。

（6）职业感。

不管是用精神分析、人本主义、认知行为主义，都看重反思性实践，这是具备胜任力的社会工作者都需要具备的共同因素理论，对于每一个流派都有作用。

反思性实践体现了元胜任力，通过反思性实践来了解自己做得好的地方和做得不好的地方。督导过程中受督者是否有意愿敞开心扉自我表露并且内省，能够自我评估和自我觉察，而不是在督导过程中讲一些表面的东西。受督者每一个学期都需要完成自我评估的报告，主要涉及三个部分：第一部分是分析现有的优势、已有的知识和能力等；第二部分是通过实习、见习得到发展的部分，比如与个案发展关系的能力提升是如何发生的；第三部分是关于受督者有待发展的部分。反省性实践还包括自我观照，意识到自己焦虑、紧张，意识到自己需要观照，寻求帮助，找自己的心理师。职业感包括是否能够准时工作、穿戴是否具有职业性等。总之反思性实践是第一个胜任力。

**（二）基础胜任力——科学知识、方法**

对科学知识和方法的尊重和运用：

（1）科学的正念。

（2）科学知识。

（3）科学基础。

（4）受循证治疗发展的影响。

目前，我们对社会工作者科学素养的训练还远远不够，我们要培养社会工作者对科学知识的敬重，科学知识的积累。把科学知识放在这么重要的位置也是受循证发展的需要。社会工作者的做法要有科学的依据，有没有科学实验表明这样做有效。要鼓励我们的受督者去找依据，比如家暴、创伤的个案应该怎么做的问题，督导过程中，多鼓励受督者去查文献，鼓励他们去质疑那些培训权威。不要过分依赖人名，要多依赖证据。

**（三）基础胜任力——关系**

与个体、团体建立有效与有意义的关系的能力，第三个方面的基础胜任力是关系胜任力，包括：

（1）人际关系：倾听、同理、尊重，言语和非言语方面的技能，对反馈持有开放和接受的态度。

（2）情感技能：对人际矛盾、不确定性和模糊性的耐受力，对自己内部情绪情感的意识等。

（3）行业内的关系：对同行（特别是那些使用不同于自己常用的理论模型或具有不同观点的同行）的尊重和友善的互动。

（4）表达技能：通过言语和非言语方式，有效地表达观念、情绪情感和信息的能力。

使用任何不同流派的理论，都需要与个体、团体建立有益有效的关系的能力，倾听、同理、尊重，对反馈持开放接受的态度，受督者是不是拥有这样的能力，受督者是否可能特别脆弱。情感能力也很重要，有的受督者就一定要把任何细节搞得很清楚，对模糊性的耐受力很差。也包括与同行的关系，有的受督者尤其是对不同观点的同行无法保持开放接受的能力。还有表达的能力，这些都是基本的关系能力。

**（四）基础胜任力——个体文化的多元性**

第四个基础胜任力是多元文化的胜任力。即对不同个体或群体及其文化背景因素的敏感性（意识）和对这些文化的了解（知识）。

不同个体、与自己文化不同的个案，包括对督导师的角色，作为一个督导师，作为自己性别、性取向、社会经济地位、年龄、他的个案背景，对此这些是否有意识。我们所站的位置、角度看同一个东西看到的是不一样的东西。多元文化多元视角的意识，培养社会工作者多元文化也有模型。我国社会工作实务中开展多元文化助人工作，社会变得包容，出现不同的群体，比如农民工、留守儿童、同性恋者等。督导师是否有与不同群体打交道的能力和技能，是否了解不同群体的知识。最近还有一个与多元文化有关的概念——文化谦逊性，作为一个社会工作者需要很谦逊地去了解别人的文化，而不是“我的文化，你必须要听我的，我的这个就是最重要的，你得按照我这个来，你应该遵守我的价值观”。文化的谦逊性是指我把我的文化放在这，我非常谦逊地倾听你的文化，我把我的个案当成一个老师来看待，这也是我们强调多元文化的一个重要方面。

**（五）基础胜任力——职业操守、伦理守则**

第五个基础胜任力是坚守伦理守则。督导师对这些方面要有一些把持，督导过程中对社会工作者做得好的方面给予一些鼓励，比如在个案设置方面。我们需要去注意受督者在伦理方面的坚守怎么样。社会工作职业操守和伦理参见 2012 年民政部公布的《社会工作者职业道德指引》。

**（六）基础胜任力——跨学科体系**

最后一个基础胜任力是跨学科体系。即了解相关领域的关键问题和概念，能够与这些领域的专业人员进行有效的交流。我们做助人工作是在社会工作领域，同样是助人工作领域，比如说心理咨询师、精神科医生，我们能否与他们进行有效交流。督导师首先要有跨学科的意识，在督导过程中也要让受督者有跨学科的意识，在个案工作中不能只是自己在那里闷着头做，也要了解这个个案是否找过心理咨询师，是否看过精神科，是否住过院，是否服过药物，如果有的话，需要与这些相关领域的工作人员进行交流，很多时候我们的社会工作者和督导师还没有这个意识。比如，社工需要了解案主看过哪个心理咨询师，去过哪个医院看哪个主治医生，并且让案主签署知情授权书，同意社会工作者去沟通，这也是遵守伦理的重要方面，社会工作者不能没有经过个案的允许就直接去打电话。案主签署知情授权书之后，才能去给其他工作人员打电话，不能单纯听个案的描述，社会工作者需要亲自去沟通。目前国内社会工作领域比较欠缺与不同领域的交流，作为督导师需要鼓励这块工作。

## 二、功能胜任力

功能胜任力包括：

（1）个案概念化、评估。

（2）干预：减轻求助者的痛苦，提高个人和群体健康的能力。咨询：针对求助者的需要或指标，提供专业指导或专业帮助的能力。

（3）研究-评估。

（4）督导-教学。

（5）行政-管理。

第一个应该是评估、个案概念化的能力，是功能胜任力中最重要的。受督者对各种评估工具是否了解，是否会用，不仅包括测验，还有访谈技术，观察等评估工具，作为督导师你手上是否有现成的评估工具，是否会用这些工具，特别是经过中国修订版或者标准化以后，或者我国本土发展的一些测量工具，是否具有这些知识。当发现案主的问题比较严重，超出自己的工作能力之外时，是否会联合心理咨询师，甚至精神科医生进行会诊，因为中国现行的精神卫生法规定，社会工作者和心理咨询师都不能进行诊断，所以当遇到案主的问题非常严重，怀疑是严重心理问题或精神疾病的时候，我们至少对诊断工具要了解，你与同行交流时，比如与精神科医生交流的时候，他所说的诊断名词作为工作者必须要懂，不懂则无法交流。

另外一个是个案概念化，对表面问题下面的核心问题的理解，个案概念化与社会工作者的理论取向有关，理论取向能帮助我们理解个案。我们最早在专业学习的过程中非常重视理论取向，理论取向的作用是什么呢，理论可以帮助我们发展个案概念化，没有任何理论是无法个案概念化的，然而近些年强调元胜任力，理论的重要性不应该超过那些基本胜任力。

再接下来是研究–评估，作为一线社会工作者，需要具备研究的能力。

督导–教学，你是否可以督导别人，教学，甚至包括行政管理。我国在社会工作者培养上的学科化还不够，专业督导的系统培训也不够。受督者未来也要成为一个督导师，需要训练这方面的胜任力。

基于胜任力的督导模式要求受督者学习这些内容，需要有意识看到这些胜任力，不再去强调某个理论的方面，比如移情、反移情，对一个观念的识别，等等。

## 三、督导过程

胜任力模式强调督导是一种人际关系，能不能建立督导关系，维持督导工作同盟，作为督导师是否有明确的权力和等级差异，是否在这方面有很好的意识。督导过程是五个方面的过程，是一个完整的圈，这个也能够体现出胜任力的跨理论适应性。第一方面是受督者的表现；第二方面是观察，包括现场的观察，视频、音频的观察，对社会工作过程的回顾最好是实时观察；第三方面是对观察的思考，社会工作者是否会有什么思考，也是元胜任力；第四方面是反馈和评估，鼓励受督者自我评估和反思，反馈可以针对过程也可以总结性反馈；第五方面是计划，怎么更好帮助个案的计划，可以是指导性的，也可以是体验性的，比如角色扮演。

基于胜任力的督导模式，强调的是意识和知识，不是某个理论，是跨理论的。假如一名社会工作者学习和运用后现代主义理论进行工作，就可以不用学习行为理论的内容，但是不管是什么理论取向的工作者，都要学习基本胜任力和功能胜任力。这个胜任力模型不排斥任何理论。

五个方面的介绍希望能够给督导师提供一些思路，根据以往经验，督导师的观察、反思、反馈都是需要特别加强的。目前在社会工作领域的督导，督导师只是听听工作者对工作过程的口述，观察这个方面就做得不够，最好的观察是实时观察。反思，不是直接指导受督者应该如何去做，还要告诉他们为什么这么做，还可以怎么做。

## 第五节　赋权视野下的社会工作督导模式

2013年，我国学者严樨在研究中提炼出赋权视野下的社会工作督导模式。美国学者 Barbara Solomon 在黑人民族研究中第一次明确使用了赋权这一概念，指出黑人少数民族因为长期遭受同辈群体、优势群体与宏观环境的负向评价，以致感受到既深切又全面的无力感，因此建议社会工作的干预应致力于给予黑人民族增强权能，增进服务对象个人的自我效能与社会改革的力量。在社会工作领域，赋权增能是非常重要的视角和工作切入点，赋权视角的焦点即消除服务对象的无力感。在工作过程中，通常是当受督者感到知识缺乏、目标迷失、感受糟糕、无能为力等负面情绪时会特别需要接受督导，在督导过程中引入赋权视角至关重要，因此本节介绍赋权视野下的社会工作督导模式，使读者在社会工作督导的过程中具有赋权意识。

### 一、基本假设

#### （一）督导关系立基于平等的地位之上

赋权取向的督导关系不同于督导师凌驾于受督者之上的传统督导关系，它代表平等权力的互动，是一种建设性的权力关系。

#### （二）受督者是独立的主体

受督者是具有独特个性、知识、技巧、才能、资源的主体，督导过程应被个别化对待。

#### （三）受督者本身是解决问题的专家

受督者比督导师更接近服务对象及问题情境，因此其本身即是解决问题的专家。

#### （四）重视受督者的优势和能力

督导师通过发掘受督者本身的优势、长处、能力，来增加受督者的自信心与专业能力。

#### （五）尊重受督者的自我决定

督导关系中，督导师对督导权力可能带来的父权主义很敏感，避免督导过程出现压迫与剥削。

## 二、督导层次：消极独立—依赖—积极独立

层次一：以消极独立为特征。这一阶段为督导初期，即督导师与受督者建立关系期，受督者呈现个人内心感受和督导关系导致的去权状态，表现出无力感；督导师以发挥行政性功能、建立积极的专业关系为首要任务，较多使用基于督导关系的正式权力和非正式权力。所以，受督者往往与督导师保持距离，呈现被动、消极的独立状态，观察并试探督导师专业能力、个人特质、权力实践方式。

层次二：以依赖为特征。这一阶段为督导中期，督导师与受督者建立起相互信任的督导关系，源于受督者无力感降低与权能增强的专业关系。此时受督者一方面肯定督导师的专业能力，依赖督导师协助处理工作中的问题情境；另一方面非常看重督导师对自己工作表现、工作能力的评价，依赖督导师的工作评估。督导师需协助受督者增强权力意识、增加能力感、提升能力，创造自主空间，迈向整合权力状态。

层次三：以积极独立为特征。这一阶段为督导后期，即赋权取向社会工作督导过程的成熟期，受督者专业能力、专业自信及自决意识得以提升，对机构工作人员角色体现较高动机，较少依赖督导师。督导师亦在督导过程中提升信心，与受督者一同进行更为深入的专业探索。这一阶段督导师与受督者达到理想的整合权力状态，后者相对于前者的独立地位，具有主动性、积极性特点。

## 三、督导类型：咨询式督导

Peter Hawkins 等认为督导包括四种类型，即教导式督导、训练式督导、管理式督导与咨询式督导（Peter Hawkins，Robin Shohet，2003）。本模式认为，咨询式督导是赋权取向的社会工作督导中较为合宜的类型，受督者直接对案主负责，但仍在他们希望探讨的议题上，向督导师进行咨询。咨询式督导强调受督者责任而非督导师责任、注重特定实务问题的处理而非一般性知识的学习，上述督导焦点高度契合赋权取向的社会工作督导。

## 四、督导关系：双向的协同伙伴关系

与传统的单向协助关系不同，赋权视野下的督导师与受督者关系是双

向的协同伙伴关系，督导师与受督者建立类似联盟的工作关系，互动、互惠、权能共享。在这样的关系中，督导师与受督者互为资源，是一种平权关系与对等的工作伙伴联盟。

双向的协同伙伴关系中，督导师主要扮演协同伙伴角色，强调受督者对其工作情境的主导性。需要明确的是，赋权取向的督导师与受督者关系并不否认专业关系中的权力差异，正是因为督导身份赋予了督导师正式权力，督导师更有责任在督导关系中创造出反压迫的自由情境，使受督者能够更有效地运用权能、提升专业职能。

## 五、督导策略：受督者参与

赋权取向的督导策略以 Croft 的社会工作参与实务四要素为基础：第一，赋权必须挑战压迫，并且试着让人们管理影响他们生活的事务；第二，让人们能够控制他们对需求的定义，并且能够说出他们的决定和计划；第三，借由发展人们的信心、自尊、魅力、期望、知识和技巧，装备个人的资源，使其具有魅力；第四，组织机构开放人们的参与（宋玉丽等，2009）。

参与是赋权取向的重要元素，其前提是督导师与受督者之间双向协同的伙伴关系的建立。督导师在督导过程各层次及各步骤均应重视受督者参与：以消极独立为特征的督导层次中，受督者积极参与督导计划的讨论；以依赖为特征的督导层次中，受督者的参与体现在和督导师共同分析问题情境、探讨问题解决方式；以积极独立为特征的督导层次中，受督者的参与体现在工作绩效协同评估等方面。受督者的参与为督导师提供来自对方及机构的反馈，实时改进工作方式及内容，从而建构更具价值的督导关系，提升受督者的能力感。

## 六、可能遭遇的挑战

第一，赋权与专业关系建立。赋权取向的社会工作督导采用双向的协同伙伴关系，相信对方为解决问题的专家，所以并不强调本身的督导正式权力与专家身份，反而在督导过程中传递互相学习理念。虽然赋权有利于拉近督导师与受督者间的距离，但督导师在一定程度上将权力让渡于受督者，也许会存在督导功能发挥失效的风险，从而导致互信的专业关系无法建立。

第二，赋权与专业权威。赋权取向的社会工作督导肯定受督者的能力与优势，视受督者参与为督导策略，并尊重受督者的自我决定，使对方在互动中消除无力感。但赋权的过程常常意味着督导师放弃专家角色，这样可能造成督导师专业形象和社会工作专业地位的贬损，不利于社会工作专业权威的建构。

第三，赋权与受督者能力。赋权取向的社会工作督导的基本假设是受督者是问题解决专家，相信其优势与能力，因为督导师并不与服务对象发生面对面关系，受督者与服务对象持续互动、处于其生活情境中。但是，是否所有的受督者均符合假设，是否所有受督者均具有协助服务对象解决问题的能力难以定论（严樨，2013）。

## 第六节 以项目为本的多元联合督导模式

在当前我国社会工作发展的实际情形中，政府以购买服务的方式获得社会工作机构的专业服务，社会工作机构通常是以项目申请的方式获得工作机会及资金资助。因此项目制是专业机构和专业人员最常面对的工作机制，章洁在研究中提出了以项目为本的多元联合督导模式，这种模式主要是从督导人才的构成角度来论述督导工作的（章洁，2014）。

### 一、模式简介

第一，从项目社工督导团队的构成而言，该机构拥有一支多元联合的项目社会工作督导团队，它由境内外多元化的督导团队联合构成，包括境内机构内部管理人员、境内外高校社会工作专业教师及学者、境外香港社会工作服务中心资深专家及其他教育者等。

第二，从项目社会工作督导的方式而言，该机构项目社会工作督导的方式是多元化的督导方式，既包括了社会工作专业话语下的督导方式，如个别督导、小组督导、现场督导、电话督导等，也有本土特征的督导方式，如工作日志呈现督导、会议式督导、经验分享式督导等。

第三，从督导的内容而言，该机构项目社工督导的内容可以概括为以项目为本的多元的督导内容。一方面，督导的内容包括教育、行政、支持、项目管理等多方面的督导内容；另一方面，以服务项目为本的项目管理督导内容是该机构多元化督导内容的重要组成部分，也是项目社工督导区别于其他督导的最显著特征。

## 二、该督导模式的特点

首先，督导紧紧围绕着项目社会工作运作的服务项目这一中心，一切以项目社会工作者在实务过程中遇到的困惑与产生的需要为出发点，为项目社会工作者提供包括教育、行政、支持和项目管理等多方面的督导内容和多元化的督导方式，为项目社会工作者顺利地开展服务项目提供保障。

其次，此处的“多元”体现在多元化的督导团队、多元化的督导方式、多元化的督导内容三个方面。

最后，联合督导具有两层含义，一方面是指这一督导模式结合了境内和境外两支不同的督导力量来为项目社会工作者进行督导，境外督导有利于项目社会工作者吸收境外最先进的社会工作知识、理念、方法、技巧，境内督导则有利于克服文化差异的问题，为项目社会工作者提供更加切实可行的技巧和方法；另一方面，这一督导模式是由专业的社会工作者、资深督导师、高校社会工作专业教师这些专业力量与机构内部力量共同发力，共同为项目社工提供督导，机构内部的督导与机构外部的专业督导共同作用，保证了项目社工工作的专业性。

## 三、存在的问题

### （一）境外督导受本土环境的制约性强

多元联合督导模式有利于项目社会工作者拓宽专业视野，接受国际先进的社会工作专业知识、技巧和方法，创新服务手法，提高服务水平，但在这一督导模式中境外督导也受到境内本土环境的限制，出现“水土不服”的现象。这里的环境因素指社会工作在境内的发展情况、香港与内地的文化差异、制度差异等因素。章洁在访谈中了解到，香港督导自身对跨境督导的挑战有深刻的认识，他们一直通过与项目社会工作者沟通、亲自走访等方式，努力尝试了解机构及项目社会工作者所处的环境。但是基于香港的社会福利制度与内地制度大相径庭，社会环境、文化也有很大差异，香港督导对内地的文化和社会环境认识不足、理解方式不同且容易存在偏差，这导致联合督导模式下境外督导与项目社会工作者之间的沟通容易出现阻碍。

除了沟通上的问题外，境外督导所提供的方法在本土环境下也会出现缺乏实用性的问题。项目社会工作者往往是在督导的时候感觉自己收获很大，而一旦到了实务场域，境外督导所提供的方法则不能很好地发挥作用。

可见，对于境外的督导师而言，在开展跨境督导的过程中，“文化敏锐”视角是必需的。所谓的文化敏锐是指对两地的社会制度、资源状况和价值观念的差异性，不但要理解，而且要保持尊重。督导师需要对内地的制度和文化有深入的了解与体会，才有可能为受督导人员的工作提出实际可行的建议。

**（二）机构内部督导人员结构设计不科学**

目前，机构层面对项目社会工作者的督导主要是指机构理事的督导与机构总干事的督导，机构缺乏内部的专职督导是多数项目社工反映的一个问题。

机构内部督导人员结构设计不科学。一方面是指目前机构内部没有设置属于机构的专职督导这个岗位，这也反映出该机构整体组织架构的一个缺陷。另一方面是指现有机构层面的督导角色定位模糊。在目前的社会工作机构中，理事大多由高校社会工作专业教师担任，他们在学校中承担教学任务的同时担任该机构的理事。理事与总干事往往身兼数职，既是机构中的管理人员，扮演机构管理者的角色，又需要为项目社会工作者提供督导，扮演督导师的角色。对于项目社会工作者而言，如何定位机构的理事与总干事的角色，直接影响了他们在督导过程中的感受与参与程度。

**（三）境内督导主体关系脆弱**

督导的主体是指督导师和项目社会工作者双方，项目督导并非督导师单向地对项目社会工作者提供指导的过程，而是督导师与项目社工双方共同合作完成的工作过程。

Kadushin（1992）指出督导关系是督导师与受督者之间互动过程中所建立的一种关系。研究发现，在部分项目社会工作者那里，境内督导与项目社会工作者之间的关系较为脆弱。可见，由于境内督导与项目社会工作者之间的联系与接触较少，督导主体双方的关系显得很单薄，缺乏信任感。此外，机构内部督导领导者、管理者的权威身份也会影响项目社会工作者对督导主体关系的感受，致使项目社会工作者产生防御心理，进而对督导的成效产生深刻影响。

**（四）项目督导缺乏系统规划**

目前很多机构都采用项目督导的模式，项目社会工作者督导的模式具有以项目为本的特点，这样的督导模式有利于解决项目社会工作者在运作项目的过程中遇到的困惑，但同时也发现，目前针对项目社会工作者的督导较缺乏规划性，没有形成一个相对完善的督导体系和一套针对项目进程的督导流程。

首先，在服务项目运作的过程中，督导侧重在服务项目的初始阶段对项目社会工作者进行督导，而缺乏后续的跟进督导。对于项目社会工作者而言，为了保证项目的专业方向和服务的优质性，在项目运作的全过程，包括项目的计划、实施、评估各阶段都亟待督导指引。

其次，督导的过程中督导师往往只是针对项目社会工作者所反馈的问题进行督导，而自身缺乏主动性，缺少如何开展对项目社会工作者督导的主动探索与系统规划。

再次，现有督导的督导领域比较单一，不能覆盖到机构目前所有服务项目所涉及的服务领域。

最后，项目社会工作者督导的内容缺乏有规划的针对性，无法满足不同层次项目社会工作者的需求。

## 小　结

关于临床督导模式非常多，本章从五个不同的视角为读者介绍了督导模式。社会工作和心理咨询同为助人工作，在很多国家和地区，社会工作师、心理咨询师和精神科医生三个专业群体组成助人工作的一个多维的专业团队。精神分析理论、以人为中心理论、认知行为理论等经典理论对三个专业均有深远影响，本章在基于心理治疗理论的督导模式中介绍了基于心理动力学和以人为中心两种理论的督导模式。督导的发展模式关注受督者在督导过程中的成长过程，本章选择了 Ronnestad 和 Skovholt 的模式，这个模式关注了六种水平的受督者具有不同的专业水平和发展任务。基于胜任力的督导模式是一种跨理论的督导模型，它强调反思性实践，关注受督者和督导师双方的胜任力，可以为督导师提供一个全新的工作方法和视角。赋权理论是社会工作领域特别关注的理论，以赋权为视角强调督导关系中的平等性，为督导师去权，聚焦于受督者的能力和优势，这是社会工作督导中很独特的视角。以项目为本的多元联合督导模式是当前国内社会工作实务实践中形成的工作模式，它属于特定历史时期的特定产物。在相关著作和论文中，不同的学者也都从不同的角度总结了各种督导模式，旨在启发读者能够从不同的角度理解督导工作的内容、方法等。

# 第四章　如何成为一名社会工作督导师

## 第一节　督导师的前提条件

要成为督导师，第一是要成为一个具有胜任力的、遵循法律、伦理的社会工作者，这是最基本的前提条件。第二是兴趣，并不是每名助人者都想要成为督导师，也不是每个人都适合做督导师，所以人际兴趣和职业兴趣是成为督导师的第二个基线。举个例子，督导师要帮助一名新入职社工，需要每周见一次进行督导，可能需要一两年的时间帮助他成长，有的人就觉得无法承担这样的重任，而有的人就会非常喜欢这个过程。帮助一个人成长的过程，要有耐心，有爱心，有同理心，有知识性，还要有理解心。督导师要通过自己的努力，让受督者的胜任力提高，使求助者受益。第三是态度，督导的过程需要督导师同时关注到求助者和受督者两个人，如果只是关注求助者的利益，可能会强势地给受督者一些意见，也许会有效果，但因为忽视自己的态度，可能会打击受督者的自信心和主观能动性，最终造成督导效果一般。知识、兴趣和态度是成为督导师的三个重要基础，第四是要能够有兴趣在理论上深入探索。新手助人者在理论上的训练是非常不够的，所以督导师要帮助受督者增加在理论上的思考也很重要，并不是单单把自己掌握的理论告诉受督者，有的理论适合某些助人者，有的理论适合某些求助者，这个现象毋庸置疑，所以督导师必须对理论的探索有兴趣。第五是需要有开放的心态，是否愿意听别人的反馈，是否愿意给别人批判性的反馈，是否愿意思考如何给别人更有效的反馈。总而言之，作为一个职业人，越学习越会发现自己的不足，这会成为一种不断前进的动力，知道自己的缺陷马上去补救，这是一个成长的优势。

## 一、社会工作者所需的专业知识

社会工作者必须有丰富的知识、熟练的技术、充分的能力。社会工作者的知识结构包括社会工作者所应具备的专业知识（关于社会的知识、关于人的知识、关于社会工作的方法与技巧知识）以及社会工作者应有的基础知识（社会学、心理学、教育学等）（王思斌，2015）。归纳起来，社会工作者需要具备学科知识、政策知识、技术知识和文化知识。

### （一）学科知识

社会学知识。社会学是帮助社会工作者了解社会的学科，是一门研究社会事实（客观事实：社会行为、社会结构、社会问题等；主观事实：人性、社会学心理等）并拥有多重范式的学科，是从社会哲学演化出来的现代学科，也是一门具有多重研究方式的学科。主要有科学主义的实证论的定量方法和人文主义的理解方法，它们相互对立与联系，发展及完善一套有关人类社会结构及活动的知识体系，并以运用这些知识去寻求或改善社会福利为主要目标。社会工作的终极目标即改善社会福利，因此社会工作者必须具备社会学的知识体系和研究方法。

心理学知识。心理学知识是帮助社会工作者了解人的知识，是一门研究人类的心理现象、精神功能和行为的科学，既是一门理论学科，也是一门应用学科，主要包括基础心理学与应用心理学两大领域。社会工作者微观层面的工作对象是人，因此必须掌握心理学知识，以便更好地掌握案主的状况，与案主一起工作。

管理学知识。管理学是一门综合性的交叉学科，是系统研究管理活动的基本规律和一般方法的科学，主要研究在现有条件下，如何通过合理地组织与配置人、财、物等因素，提高生产力水平。在社会工作过程中，社会工作者往往需要采用项目申请、项目管理等方式进行承接并展开助人工作，因此社会工作者需要掌握管理学尤其是项目管理方面的相关知识。

教育学知识。教育学是一门研究教育现象及规律的社会科学，它广泛存在于人类生活中。通过对教育现象、教育问题的研究来揭示教育的一般规律。社会工作者的案主中有很大比例的青少年和智力特殊群体，因此教育学的相关知识对于社会工作者也很有帮助。

### （二）政策知识

政策是国家权力机关、政党组织和其他社会政治集团为实现自己所代表的阶层利益与意志，以权威形式标准化地规定在一定的历史时期内，应该达到的奋斗目标、遵循的行动原则、完成的明确任务、实行的工作方式、采取的一般步骤和具体措施。社会工作者必须掌握国家最新的政策动态，才能保证充分地调动资源，并帮助案主获得相应的帮助和支援。

**（三）技术知识**

技术是每一个专业和职业所特有的，更是用来区别于其他职业的重要标志，社会工作的技术主要包括个案工作、小组工作、社区工作、沟通技术、评估技术等实际工作的技术，还包括研究相关的技术，如各种社会调查及研究的方法等。

**（四）文化知识**

社会工作者需要通过阅读、学习、体验、田野观察等方式了解更多中国传统文化知识、世界文化知识、各学科知识、社会各领域知识等，提高自身的文化敏感度，获得文化知识，了解案主的习俗、当地文化、人际交往模式以及人与人之间的界限等，在助人的过程中应当能保持高度的文化敏感性，在此基础上才能真正被案主接纳，真正帮助案主。

## 二、社会工作者所需的职业能力

### （一）社会工作基础能力

1. 技术能力

即社会工作者需要熟练掌握处理问题的具体方法和手段，例如使用个案工作、小组工作和社区工作方法为案主提供专业服务的能力，运用专业社会研究方法了解案主的需求以及对服务质量进行专业评估等方面的能力。

2. 文化能力

指社会工作者需要培养对于文化的敏感性，当接触每一个独特的群体或独特个人时，都能够细致入微地体察到案主成长的背景和环境、所处的独特境遇、拥有的资源等，并能够把这些因素恰到好处地运用到助人过程中。

3. 心理素质

指社会工作者需要拥有积极、健康、自信和乐观的心态，以及良好的抗挫折能力等，能够较好地处理工作中产生的倦怠感和压力感，从而保持好的状态投入助人工作中。

4. 学习能力

社会工作者需要拥有较强的学习能力，在不断的学习和思想碰撞中，能够不断地更新自己的知识、方法和技巧，同时体会到精神上的满足和实际工作能力的提升所带来的职业满足感。

5. 社会交往能力

社会工作者面对的案主是各种各样的特殊群体，有的时候要面对政府部门，有时候要面对基金会……在助人过程中需要有一定的社会交往能力，学习如何和不同的利益相关方处理好关系。

6. 组织能力

社会工作者在各种助人活动中，要经常与案主共同举办各种活动，例如组织社区居民参加法律知识公益讲座、组织社区心理健康大讲堂等大型活动，组织正月十五元宵灯会，组织残疾儿童和正常儿童的融入活动等，在活动前策划、宣传、招募，以及活动过程的实施、活动收场和评估过程中均需要社会工作者拥有一定的组织能力。

**（二）社会工作具体能力**

1. 建立关系能力

能确定和案主与社会工作机构之间建立、改善、恢复、保护工作关系的情境。

2. 计划制订能力

在问题评价和寻求可能达到的目标以及可供选择的基础上，能制订、实施改善人们福利的计划。

3. 问题解决能力

具备帮助人们不断提高应付和解决问题的能力，具有让人们了解为其提供资源、服务和社会机构的能力。

4. 干预能力

能为最易受到伤害、歧视的人进行干预。

5. 资源整合能力

促进提供服务、资源、机会等系统的有效、人道的运作。

6. 合作能力

积极与他人合作，共同创造和改进服务资源系统，促使这些系统更为公正、平等、积极、主动地为民众服务，并与他人一起积极铲除不公正的做法。

7. 评估能力

有能力对于干预计划达到目标的可行性作出评估，通过对实际工作技能和行为的评定，能不断对自己的专业发展作出评价。

8. 研究能力

能通过研究不断增加专业服务知识，支持和遵守职业标准和准则，为改进专业服务不断作出贡献（叶忠海，2005）。

**（三）社会工作者特需素质**

当前我国社会工作者的特定素质要求是根据当前案主的特点提出的。根据案主外在的生存状态与内在的心理特征，当前社会工作者提供的服务要点在于从外在和内在两方面对案主进行积极的支持、指导、治疗和帮助。

1. 外在方面

社会工作者要能通过收集、接收、传递、处理各种信息，及时沟通各方面、各环节的情况，将案主与资源、服务系统之间建立必要的联系，引导案主使用这些资源与服务，使他们在需要时能够充分利用由社会工作机构、社区资源和社会文化资源所组成的网络，满足需求。

2. 内在方面

社会工作者要让案主认识到“困难”不是绝对的，不是一成不变的。每个人都不能自贬为“困难”，困难是能够向正常转化的，关键要靠转化者自己的内在动力。所以，社会工作者要致力于帮助案主转变观念，正确认识自我，激发潜能，树立起自立自强意识和竞争意识，进而使其主动适应市场经济要求，促进对于特殊群体的社会保护能真正持久地实现。

总之，社会工作者对案主在内外两方面的作用发挥，需要社会工作者具有发现问题的能力、与案主进行沟通的能力以及动员和组织社会资源的能力等，也就是社会工作者自觉运用知识和价值指导实务工作的能力，这是对当前我国社会工作者的特定素质要求（苏兰花，2006）。

**（四）临床实践要求**

第二章我们在督导制度的顶层设计中回顾了各地当前对督导人才队伍的培养，为推动社会工作督导的发展，各地相继出台了政策和指导意见，不同地区对督导的选拔条件设置不同，但是相同之处都对社会工作实践经验有要求。

深圳的初级督导选拔对实务经验的要求满足下列三种情况中的一条：

①在深圳有 4 年以上一线社会工作实务经验；②在深圳有 2 年以上督导助理工作经验或社区服务中心运营的管理经验；③在深圳有 3 年以上公益机构（项目）运营的管理经验，并同时具备不少于 2 年以上一线社会工作服务经验，即 5 年以上深圳社会工作行业从业经验。

《南京市社会工作督导选拔使用管理办法》对督导资质标准要求：初级督导有 4 年以上社会工作一线实务经验，中级督导为社会工作机构负责人，有 2 年以上社会服务机构运作管理经验。

《东莞市民政局社会工作督导人才选拔管理办法》规定：参加督导助理、见习督导、督导选拔者需分别具备至少 2 年、4 年、6 年以上一线社会工作实务工作经历。

《广州市社会工作行业督导人员资质备案、认证实施办法（试行）》对社会工作督导资质登记认证的专业条件中，对不同受训背景的专业人士有不同时长的实务经验要求。

中国心理学会临床心理学注册系统中，心理师按等级从低到高分别为：助理心理师、心理师、督导师，对注册督导师的认证中，虽然没有规定实务经验的工作年限，但是对督导时数有明确要求，并且对督导师的督导实习时数也有明确要求，具体要求如下。

临床经验：在获得本标准的临床或咨询心理师注册登记后，从事临床心理治疗或咨询实践小时数（与个案直接接触进行心理咨询或心理治疗的时间）累计不少于 1500 小时，并提供有关证明。

督导经验：从事督导实习时间不少于 120 小时，且督导实习工作在本标准有效注册的督导师训练或督导的时间不少于 60 小时，并提供有关证明。

在第二章第三节介绍的教育督导制度中，可以看到督学的选拔条件中要求：从事教育管理或者教育、教学研究工作 10 年以上。

因此，要想成为一名督导师，社会工作者必须有一定的实践经验，并且需要有在更高一级督导带领下的督导实习经验，如果民政部门能够出台制度或者社会工作专业协会能够从全国范围统一要求督导师的资质与级别划分，对于我国社会工作督导的规范发展会有很大帮助。

# 第二节　为成为督导师做准备

当社会工作者具备了上述的前提条件，就可以进入准备阶段。

## 一、督导师应具备的条件

史柏年、侯欣（2003）与肖萍（2006）等人在研究社会工作督导的要求和条件时，均认为一个合格的社会工作督导师应该具备以下素质：

（1）成熟的人格和乐观进取的生活态度。

（2）具有严格的社会工作专业训练和专业背景。

（3）拥有丰富的社会工作实务经验。

（4）受到过教育学和心理学的训练。

（5）有足够的教导学生的能力和意愿。

（6）深知社会工作机构的政策和工作程序，并与机构保持良好的沟通和合作等。

Kaufman 也提出了作为督导的社会工作者在开展工作时应具备的条件包括：

（1）具备全面的专业教育。

（2）对完成工作有浓厚的兴趣。

（3）对任务有达到目的的承担。

（4）定期开展机构训导以使其具备合法性等。

卢兆荣指出称职的社会工作督导必须具备相应的社会工作服务资历、丰富的服务知识储备和专业的督导技巧。经过系统研究和探索，他总结出五维督导能力模型，一名优秀的督导需具备五个维度的能力，即个人特质、职业能力、专业能力、督导能力和管理能力。

（1）个人特质包括工作态度、个人心态、个人操守、对社会工作认同。

（2）职业能力包括职业伦理、对行业的了解、对政策的把控。

（3）专业能力包括社会工作知识和理论、实务能力、专业伦理。

（4）督导能力包括督导理论知识、督导实务能力、督导守则操守。

（5）管理能力包括自我管理、团队管理、机构管理。

其中，督导能力是督导培育的第一要务（卢兆荣，2017）。

刘斌志和沈黎（2006）在对实习生督导的研究中指出，有效的实习督导老师必须具备以下的社会工作知识：

（1）首先是有关实习内容的知识，包括社会工作的理论、各种服务单位、机构、种类及不同服务使用者的需要及特质、专业知识及实务经验、社会工作实务技巧、社会制度及资源方面的知识。

（2）其次是关于课程内容的知识，包括课程的设计编排理念、成为好的实习督导的方法及原则、学生对课程的掌握及了解、实务的知识。

（3）再次是关于个人的知识，包括个人对什么是好社会工作者及好社会工作实务的理解、个人的教学风格和学科取向、个人的长处及不足。

（4）最后是有关道德操守及专业守则的知识，包括制定工作守则的主要目的是为保障服务对象及社会人士、加强社会人士对专业的信任和信心。

除以上知识以外，有效的社会工作督导老师还必须践行以下十项督导发展要素：

（1）认同自己为督导师。

（2）对担任督导师的角色具有自信心。

（3）既感受到专业自主，也能信赖别人。

（4）能对学生行使权力。

（5）对不同的专业介入的结构和种类有一定的经验和看法。

（6）能注意到学生及自己的需要。

（7）对学生及受助者的福祉能无私地投入。

（8）注重督导关系及过程。

（9）对督导关系的影响力有一定程度的领悟。

（10）能切实地评价学生的能力及弱点而不为自己的偏见和私人的感情所左右。

后来，沈黎（2006）通过研究受督者的期待，发现督导师主要有三方面素质被期待：

（1）具备专业素养。

（2）懂得理解和体谅受督者，并能给予支持和肯定。

（3）愿意推动社工发展，协助协调各项工作的开展。

综上所述，在一名合格社会工作者的前提下，要想成长为一名督导师，从专业能力和个人特质两方面论述，还需要具备如下条件。

**（一）专业能力**

1. 丰富的社会工作实践经验

要想成为一名督导师，除了具备社会工作者需要的专业知识及素养外，更重要的是要有丰富的社会工作实践经验，在实践中充分掌握专业知识、内化专业价值，并在实践中充分了解一名社会工作者在不同成长阶段的任务、困惑及发展规律等。

2. 督导知识的学习与掌握

要成为一名督导师，除了社会工作专业的知识、技能与经验之外，还需要系统学习督导的知识与技能，了解督导工作的目标、内容、形式、有效因素等，因为需要学习督导知识，所以优秀的社会工作者并不天然能胜任督导师，必须在接受系统的督导受训之后才能胜任督导工作。

3. 一定的督导实务训练

有丰富一线社会工作经验的专业人士想要成为督导师，开始在资深督导师的带领下进行督导实务的训练，也就是定期进行“督导的督导”，这样能够在督导过程中遇到问题时迅速得到专业的指导，更好地胜任督导工作。

**（二）个人特质**

除了具备作为社会工作者要求的热情、温暖、积极、富有同理心、乐于助人等个人特质外，作为督导师还需要具备以下个人特质。

第一，有专业自信，并且乐于指导。愿意帮助其他社会工作者在专业上不断成长，对自己的专业能力充满信心，自己也愿意不断学习和进步。

第二，在督导工作过程中，能够对受督者表达同理心，帮助受督者梳理工作中的情绪体验，同时也要保持专业上的评估与评价客观性，对求助者的立场能够在情感、情绪上尊重，在不批判与专业能力上的评估之间寻求一个动态的平衡。既不是权威、严厉的评判者，又不是无条件接纳的治疗师，却又同时兼顾评价与情感支持的功能。

第三，具有很强的实践性反思能力，善于洞察人际关系中的动力，一方面能够对受督者和求助者的助人关系有敏锐的洞察力，一方面能够对督导关系中的动力有敏锐的察觉和反思。

## 二、督导师的知识储备

是否接受了成为督导师的专门训练？知识储备是多方面的，除了对社会工作者的基本技能和理论有所了解，督导师对理论的理解要更加全面。另外，知识储备还包括，不仅仅是和案主工作，还做过同辈讨论、专业教学等工作，这些方面对于成为一个督导师也很有帮助。假如一个督导师是动力学取向，那是否就只能督导动力学取向的社会工作者呢？不一定。在当今的社会中，大多数的社会工作者都是整合型的，因为社会工作者都不是理论家，而是实践家。因此，社会工作者可以放开胆子进行整合，把文化的因素归纳进来。

督导师要对社会工作者和求助者两方面负责，在这种情况下，需要什么程度的知识储备？

督导师和受督者工作的时候，间接地帮助到案主。受督者带过来的总是觉得有困难需要帮助的部分。所以，我们需要临床上的知识，社会工作者在个案过程中往往只关注案主，而较少关注到自己和案主的互动（助人过程），即使关注到了这部分也多具有主观性，而在督导过程中，督导师可以比较客观地关注到助人过程部分，这时候督导师就需要有足够的知识储备，了解助人过程中的互动对于工作效果会有哪些方面的影响，这部分就涉及理论倾向、以往的研究结果等内容。最能预测工作效果的是工作同盟的质量，即好的工作关系。督导师的知识储备就涉及要了解社会工作者和案主之间发生了什么，如何去了解双方的关系，这部分只靠听受督者口述是不够的，还需要督导师学习一些直接的观察方法：录音、录像、逐字稿等。

另外，督导师和受督者工作时也有一个工作关系，这个关系很特别，很多时候是同行，督导师需要问自己："我跟同行工作的时候是怎样给予反馈的，我用什么样的方式反馈效果会比较好？我想要得到什么效果？"有时候督导师工作时比较关注给予反馈，但是对于反馈的效果关注不够。

## 三、督导师的技能储备

这方面的一些技能和个案工作有些类似，比如受督者在咨询中受挫了，督导师如何给予支持；也有一些是督导师比较特殊的，督导师在帮助受督者的时候，其实是在帮助两组人，第一个最明显的目标是保护案主

（包括个人、小组、夫妻、家庭等），第二个是受督者技能的提升。在评估的过程中，督导师要清楚自己哪些做得好，还有哪些待改善。

有一名社会工作者实务水平很高，但是在和同行交流的过程中，往往会显得很不自信，有很强的批评性，不愿意接受别人的负面反馈，希望同行能够认可自己所说的话，这种个人特质对个案的影响并不明显，因为社会工作者和案主一起时，总是会显得比较权威，但是这名社会工作者成长为督导师之后，督导师面临的受督者往往就是同行，只不过比自己晚入行一段时间，这时他的个人特质就会比较明显地影响到督导过程，经常有受督者感觉到很强的受挫感。从这个例子中可以看到，督导师需要敢于进行真实全面的自我评估，看清自己的优势和劣势。

## 四、态度

成为督导师是一种社会和职业的责任，如果做社会工作者，只需要对案主负责，而督导师又不同，自己需要考虑是否在态度上已经做好准备了。讲起来比较容易，但实际做起来也有很大的责任和压力。在美国就更不一样，因此从执照制度中就包含着督导师要为社会工作者负责，目前中国这方面的法律不健全，不需要对受督者负有直接的责任，但仍然需要在态度上做好准备。

## 五、督导师怎样来客观地评估自己

### （一）寻求反馈

为了成为一个好的督导师，能够更好地完成职业上的任务，我们愿意去问这样的问题：怎样评估自己，要有一些客观的评价，其实所谓客观都是别人的主观，但是有些别人的评价对一个督导师的成长来讲是非常有好处的，就是别人提出的涉及自己的问题。一名社会工作者刚刚到美国读书做临床社会工作者的时候，她的督导师开始怕她不能接受直接的批评，于是总是会拐弯抹角地指出她的问题，这名社会工作者一方面非常感激督导师对她自信心的保护，另一方面也有些遗憾，觉得督导师对自己不够了解，其实社会工作者事实上比督导师想象的要坚强得多，如果督导师能跟社会工作者直接客观地说“你哪些地方做得不好”，也许能让社会工作者有动力去学得更好。所以，后来社会工作者就直接去问督导师自己哪些地方做得不好，也就是说反馈是要自己去找的，寻求反馈是一个途径，社会工作者需要向督导师主动要反馈，这可以让自己更全面地看待自己，因为督导师是一个观察者，有一些督导师会要求把受督者的咨询录音从头听到尾，然后再去讨论，所以他们的观察很尖锐，督导师能够观察到受督者的盲点和弱点，所以这些东西对受督者的启发特别大。所以，当你作为督导师的时候，不只是给受督者反馈，反馈要有一定的目的，需要对方利用反馈能够学习。

**（二）指出问题**

同时督导师需要非常尖锐地指出受督者的问题，假如在一次会谈中社会工作者为案主延长了5分钟，该结束没结束，督导师就需要提醒社会工作者的职业操守以及职业遵守的问题，需要和受督者去分析为什么会出现这样的问题，在没有接受督导的时候社会工作者认为自己是为了案主好，担心案主最后讲到的是自杀问题，而督导师却认为社会工作者突破设置是因为过高地估计了自己的重要性，而突破设置这件事本身对案主又会带来负面影响，督导师指出的这些尖锐问题对于培养受督者的职业规范是非常有帮助的。所以在一名新手社会工作者的职业发展过程中，反馈是至关重要的。反馈可以来自督导师，如果有条件，如果有可能，从案主那里得到的反馈也很重要。

有的时候工作关系建立比较好，案主就会比较直接告诉社会工作者，哪些方面让他们觉得不舒服，或者哪些方面让他们觉得有改进，总之有反馈是很好的。

**（三）自我反馈**

即便是一名非常有经验的社会工作者，如果把自己工作的过程全部录下来重新听的话，一定会看到有一些可以继续努力继续发展的部分，这就是一种自我反馈。当然没有绝对客观的东西，但是如果能够把这些反馈放在一起，社会工作者再基于对自己的认识，这些就会成为一种发展的动力，让自己看到自己的盲点。我们每个人在职业发展中都是很局限的，有很多的盲点。再谦虚的人也是更容易看到自己好的方面，经常看不到自己的局限性，需要靠别人告诉自己。

## 六、准备就绪，向督导师转型

成为有效的实习督导必须经过以下的发展阶段：专业认同、一定程度的能力及自信、专业自主、健康的自我肯定、人我之间的平衡、接受督导关系中的权力分歧、明白督导师的看法对受督者可能带来的冲击，最终能够认清受督者的能力及优点。具体来说，以下几方面的修炼有利于学习成为有效的社会工作督导师。

**（一）进入社工督导师角色，承担社工督导功能**

社会工作督导在社会工作教育中的重要意义虽然常常被专业教师强调，但当面对理论兴趣和学术要求的压力时，是否能够真心认同并在实践中得以贯彻，却往往不尽如人意。因此，进入督导师的角色是成为有效的社会工作督导师的第一步和关键一步。督导师需要反省以下的问题：

（1）你为何会成为社工督导师？

（2）你认为社工督导师这个角色如何？

（3）你认为社工督导师是干什么的？

（4）你认为这个角色应具备什么条件及素质？

（5）你认为你现在是否已进入角色？有什么因素阻碍你进入角色？

对以上问题的反思乃是让“准社工督导”清晰并承担社会工作督导的功能：首先是教育功能，包括协助受督者学习社会工作专业伦理原则和精神，协助受督者充实专业知识，磨炼专业技巧，促进受督者的自我认识，提高其对专业身份的认同，协助受督者了解服务对象的特征和问题，帮助受督者认同机构并遵守机构的政策和制度；其次是管理功能，包括工作规划与分派，工作检查和评估，工作协调和认可，行政的缓冲，协助制定政策，建立沟通渠道等；最后是支持功能，包括增强受督者的自我功能，建立信心，降低受督者的消极情绪，及时的关怀和支持，使受督者在工作中获得安全感并勇于创新，帮助受督者及时总结工作成就，培养专业信心，巩固专业认同。

**（二）了解社工情况，澄清实习与督导的目标**

善于了解并与不同特质的受督者合作是有效的实习督导元素，这些受督者有的实习动机过低，有的经验丰富而又要求过高，有的没有经验但充满热情及冲劲。因此，督导师必须要着重了解受督者的背景、学习动机、学习兴趣、学习能力以及性格取向等，根据具体情况确定督导的目标。其中实习安排可以给受督者提供好像真正处身真实世界的田野经验，但经验并不必然与教育相等，它可能鼓励习惯性思想和实践，令我们失去外来的刺激作用，若不加以反思学习则不一定能积累，反而可能约束和限制实习目的的达到。贯穿经验学习法和反思性学习模式的思想，实习督导的目标应该能够让受督者在实践过程中，正确评价自我的技巧和能力的效果，并作出适当选择及决定；认识到在工作中阻碍或促进他们取得成果的限制和有利因素；通过实践认识，不断努力提高自己的技巧和能力；作出与专业价值观相符的道德判断；勇于创新，通过不断的反思及内化而建立对专业的承担和认同。

**（三）发展当地社会文化脉络下的督导模式**

基于实习督导目标的确定，督导师可以根据实际情况充分利用管理模式、学徒训练模式、治疗模式、照顾模式、直接参与模式、课程模式、对话模式等。在管理模式中，督导师首先要作为一个督导管理者保证机构程序的正确运行和机构政策的贯彻执行。治疗模式的重点是避免压力和情绪的失控，强调受督者在专业成长过程中的情绪发展。照顾模式强调受督者在支持、培养和协助方面的需要，它经常以协助受督者脱出困境为主要任务。课程模式强调实践课程与课程教学一样明确及内容的一致，根据具体课程要求认清受督者必须学习的内容，然后在实习中寻找获得适当的学习经验的机会。不同的模式都有其背后的哲学理论，也适合不同的实习情境，督导师要综合考虑当地社会文化脉络的情况、课程设置的理念，实习的机构与领域、实习的时间安排、受督者的特质取向以及督导师个人的背景来综合考量督导模式的选取。其中，适合经验学习与行动反思教育理念的是对话模式以及直接参与模式。对话模式重视受督者的经验和学习经验，希望受督者能够获得自立及独立思考的能力，督导师不断以对话去促使受督者反思学习，令受督者可以寻找自我实践的风格。而直接参与模式经常使用在家庭治疗类的临床社工领域，该模式指导下的现场督导既包括介入受督者实习的工作，同时促使督导师的自我成长，是一个教学相长的过程。

**（四）提升师生沟通与互动，建立良好的督导关系**

督导师与受督者的良好督导关系是建立主动学习的重要元素。建立良好督导关系可促使受督者集中发挥其学习潜能，更有学习动机，更能开放自我以在学习中成长。在良好的督导关系中，受督者认同与督导师的关系，并得到情感支持，督导师能够培养受督者的独立性及主动参与学习的能力，并协助受督者应用实务理论，理论联系实际。建立良好的督导关系，督导师要明白受督者的压力，肯定受督者助人的动机，更要及时与受督者沟通并给予回应，更重要的在于提升师生的互动。

（1）要建立信任关系，督导师可以告诉受督者他的背景以及个人资料，分享他教学及督导的方法及风格，认真看待受督者的学习情况，不滥用督导师的权力，公平对待受督者，勇于承认自己的不足并言行一致；另外，督导师在最初时便要与受督者厘清彼此的期望及订立学习协议，彼此交流期望，并提供适当的方法、途径及资料予受督者。

（2）要建立支持性的学习环境，尊重受督者的参与，鼓励受督者尝试创新并容许有犯错；要创造不同方式的互动机会，除了提供面谈督导及现场督导之外，可以充分利用互联网及电邮与受督者接触，给予更多的沟通与联系的途径。同时，移情反应、各种特质的错配、对服务种类的不认同、对受督者或督导的角色及责任有所前设以及个人的喜好偏见、利益冲突都会影响或阻碍良好督导关系的建立。当然障碍不一定是坏事，应视之为改善关系的契机。督导师一方面需要对受督者有先入为主的感觉，对自己及受督者持开放态度，承认并面对自己的不足，并积极转变；另一方面更要寻求有效的沟通渠道及方法，并乐意受督者在其中与自己同行。

**（五）在迷思中反思，敢于做一名新社会工作督导师**

社会工作督导源于更高于社会工作教育与实务。因此，有志于成为有效的社会工作督导师，既要重视督导的功能与职责，虚心学习，踏实行动，更要坚强专业自我与自信，积极反思，勇于做一名新督导师。作为一名新督导师：

（1）要明白及理解受督者在理论的运用、概念的掌握及技巧的运用方面，只是基于有限的经验。

（2）要有示范的能力，特别是在技巧及态度方面。

（3）评估应以受督者的实务及督导过程中的表现为主。

（4）在不同的实习阶段认真观察受督者的实务表现，并给予积极的回应。

（5）在不同的实习阶段对受督者提出清晰及具体的实习要求。

（6）需就受督者的学习内容、经验及成为专业社工之要求作出积极的评估，避免只作批评。

（7）需避免借实习督导时间作为批评其他专业、同工及受督者的平台，维护专业荣誉。

（8）需避免把不同的受督者做片面比较，也不应把受督者与机构同工做片面比较，以免伤害受督者的积极性（刘斌志，沈黎，2006）。

**（六）实践中学习，边实践边学习边成长**

在美国有一些设置，比如临床助人专业的博士生，那必须找具有博士学位的、有临床社会工作者执照的人做督导师，硕士生必须找最低拥有硕士学位、有执照的临床社会工作者做督导师。我国目前还没有这些要求，但是我们仍然需要强调职业的责任感，包括社会责任感。在当下中国的培训及认证体系下，首先是要学习，一个好的督导师肯定首先是一名好的社会工作者，但一名好的社会工作者并不一定就是一名好的督导师，好的社会工作者只是好的督导师的基本条件，在这个前提下，再接受系统的督导训练才有可能成长为好的督导师。在培训中需要系统地学习督导理论，所以理论学习很重要，同时在实践中成长也是很重要的。

在实际工作中还会存在这样一种现象，当一名社工在机构中经历足够丰富、工作年限足够长的时候，新入职社会工作者遇到问题一定会先来问这名资深社会工作者，这是很重要的，而且同伴督导也是职业上非常普遍的现象，有责任的社会工作者也会经常同伴督导，也就是说，如果有条件的话，能和别的同行在一起互相交流，互相作为对方的咨询者，遇到问题的时候可以去沟通，大家可以分享一下，讨论一下，所以这种同伴督导应该是一直都有的，在这个过程中是可以成长的。

总起来讲，想成为督导师，如果能参加系统训练是最好的，如果不能参加系统培训，要经常读一些督导理论的书，肯定会从中受益，因为这些书起码给了一个开始，有些理论是有文化局限性的，要靠自己对文化的观察和理解，去批判性地接受，但也有些东西能给我们很大启发，比如建立理论的过程，那些特别强调的责任感，对伦理的遵循，怎样避免对求助者的伤害等，都对我们是很好的提醒。这些书籍里面还包括了很多实践研究的结果，真的让人很受启发，所以在实践范围内去观察一些现象，会有很大帮助的。

还有一个建议，在督导的过程中需要向受督者寻求反馈，尽量不把自己放在专家的位置上，而是让自己以同行的姿态进行交流，这样才容易获得受督者的反馈。

在西方咨询效果和咨询理论的研究中发现另外一个没有争议的现象，助人者和求助者对于助人效果的看法大相径庭，大家都发现了这个现象，对它有不同的解释，对于想要成为督导师的人来讲是一个启发——不要过于相信自己。很多人都有这样的倾向：觉得自己就是按照书本上讲的、理论上讲的去做的，自己也反复思考过，这样做一定会让受督者获得他们应该得到的收获，那事实上受督者是否真的听到了督导师想让他听到的话，是否真的得到了督导师想让他得到的收获呢？这中间一定是有误差的，所以跟受督者寻求反馈是很重要的一件事，也是成长过程中必不可少的工具。

受督者在给督导师真实反馈的时候会有各种各样的障碍，因为督导师对于普通的社会工作者来讲也许是专家，也许是行政领导，中国人又以和为贵，不愿意伤害对方的感情，都愿意给予正向积极的反馈，但事实上建设性的批评是最有意义的，所以作为督导师可以跟受督者讲："如果你能给予建设性的批评，会是对我最大的支持、最大的尊重。"录像或听录音可以自我评估，获得受督者的反馈是他人评估。面对受督者的差异性，不同的助人者有各自不同的交流方式，有的助人者讲话很有色彩很有吸引力，有的讲话很平淡，但是都有自己的优劣势，作为督导师切记不要忽视他们自身的交流方式，不能把自己的交流方式强加给受督者。新手督导师为了避免这个问题，可以先进行理论分析，然后通过角色扮演来了解受督者的沟通方式，即督导师扮演求助者，受督者扮演助人者，这样可以更好更直接地了解到受督者的沟通方式，可以很快地帮受督者看到什么样的工作方式最适合他。

角色扮演的方式在一对一的督导中更容易开展，在小组督导中由于面临多人的压力，可能会有些阻碍，但仍然是可以实现的。

### （七）本土文化的问题

社会工作源自西方国家，我们谈到社会工作及其督导都是从西方的发展开始说起，西方的医疗模式非常明显，也就是求助者有问题，找到助人者，助人者给予一些意见建议，就能帮助求助者好转。事实上我们助人者很多事情是做不了的，助人者能够做什么不能做什么，和督导师很类似，督导师要思考能做什么，不能做什么，应该关心什么，不应该关心什么，把工作焦点放在哪里。类似的，求助者并不需要助人者在具体的问题上帮助他们，如果是具体的问题，他们身边的家人朋友可能会更有效，社工需要在能力提升方面去帮助求助者，这是别人无法帮助到的部分，督导师需要去思考这些问题。

# 第三节　督导师的职业能力发展模式

东莞市民政局社会工作科根据自身督导培养的经验提炼出督导师的职业能力发展模式，本节呈现出来，供大家参考，也供民政部门或行业协会作为制定政策时的依据。督导人才将根据他们不同阶段的能力发展程度接受相应的培训，从而促进他们能够发挥行政、教育和支持功能。

德国职业教育学家 F. Rauner 在能力发展理论的基础上提出了职业能力发展的五个阶段，分别为初学者、高级初学者、有能力者、熟练者和专家（如图 4-1 所示）。

**图 4-1　能力发展五个阶段**

根据职业能力发展的阶段性特征和督导人才的功能发挥要求，东莞市民政局社会工作科把社会工作督导人才分为督导助理、见习督导和督导，督导又分为初级、中级和高级。社会工作督导人才培养体系的总体发展方向是形成一个自上而下的、三个层级五类的发展体系。

督导助理相当于一个刚入行的初学者，他们的发展是从初学者发展成为高级初学者的过程。在这个过程中，督导助理主要协助上级督导人才开展督导工作，对其行政、教育和支持功能的发挥要求不高。见习督导则是高级初学者，是从督导助理向合格督导过渡的过程，他们需要努力从高级初学者发展成为具备能力者。一般来说，他们开始承担部分督导工作，需要渐渐平衡地发挥行政、教育和支持功能，只有达到合格水平才能真正成为督导。成为督导后，他们就已经是合格的督导师，能够独立承担督导工作，发挥行政、教育和支持功能。督导的发展过程又分为初级、中级和高级，可以理解为从有能力者到专家的发展过程，发展过程对行政、教育和支持功能的要求逐步提高（如图 4-2 所示）。

行政功能、教育功能和支持功能是督导需要发挥的作用，对社会工作督导人才胜任能力有相应的要求。这同时也要求我们必须设计社会工作督

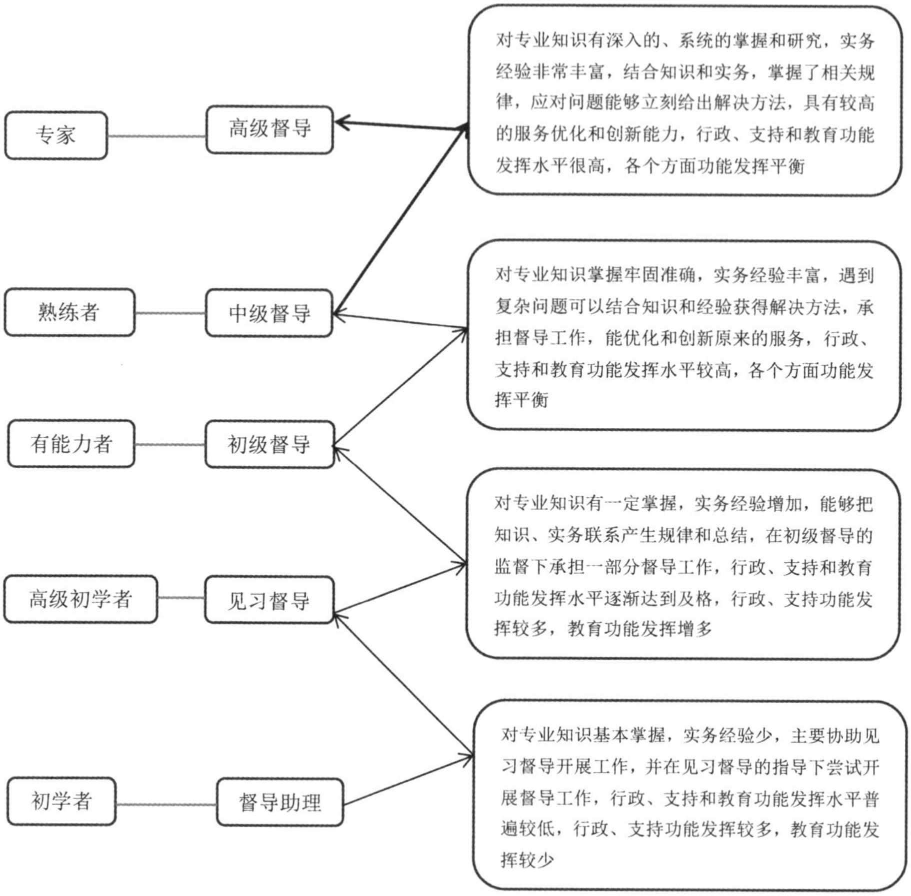


**图 4-2　社会工作督导人才发展过程**

导人才能力框架，再根据能力框架的要求设置相应的培训，促进督导人才的发展。

## 一、社会工作督导师能力框架设计原则

职业能力发展理论认为社会工作督导师能力框架的设计需要遵循一定的原则。

### （一）本土化

我国社会工作处于刚刚起步阶段，对督导人才的能力要求很多借鉴于西方国家和发达地区的督导人才能力培养体系。然而仅仅参照境外经验是不够的，社会工作的实践告诉我们，社会工作必须要实现本土化发展，本

土化发展对督导人才的能力也有相应的要求。因此，在社会工作督导人才能力框架的设计上，只能部分借鉴其他国家和地区的主要经验和做法，但最根本地，我们需要立足于本地需求，设计出具有本地特色的社会工作督导人才能力框架。

**（二）渐进式**

如上所述，督导人才的培养是从督导助理逐渐发展成为高级督导，是一个渐进式的过程。社会工作督导人才能力框架的设计也应该考虑到督导人才渐进式的发展特点，对不同层级的督导人才相应的能力要素和要求水平进行界定。

**（三）分类别**

督导助理需要同时具备专业核心能力和行业通用能力才能够发挥三大功能。专业核心能力是指督导人才在社会工作过程中要求特有的专业能力。行业通用能力是指各种职业的员工在各行各业都应该具备的基本能力。社会工作督导人才能力框架的设计不单单考虑专业核心能力，而且需要同时考虑行业通用能力，并厘清不同能力类别。这也可以促使培训的领域和视野拓宽，带动督导人才能力的综合发展。

## 二、社会工作督导人才能力框架设计方法

在社会工作督导人才能力框架设计方法方面，能力发展模型借鉴在会计人才评价领域 IFAC 所倡导的基于胜任能力的方法（Competence-Based Approach）。此种方法结合了功能分析法和能力要素法。

该方法的实施过程如下：①识别环境：分析督导人才所处的工作环境和工作目标对他们能力的要求；②确定功能：确定督导人才需要发挥的功能；③能力要素分析：分析督导人才发挥不同功能所需要的能力，即能力要素；④能力具体要求：界定不同层级的督导人才的能力要素和水平的要求。

## 三、社会工作督导人才能力框架

**（一）识别环境**

在设计督导人才能力框架的初始，了解督导人才所处的工作环境和工作目标对他们能力的要求是十分必要的，只有了解这些情况才能把能力框架和能力建设设计与实际需要相结合。那么，怎样才能有效识别督导工作

人才的环境呢？

首先，需要明确职业价值观。社会工作是以利他主义为主导，以科学的知识为基础，运用专业的手法和技巧为社会成员，特别是社会特殊群体提供帮助的一种助人自助的活动。对社会工作督导人才而言，在职业价值观上则提出了更高的要求。这种价值观的要求不仅表现在理论上或人格上，也表现在工作实践上。督导师必须遵守社会工作价值观开展工作，对伦理两难和职业操守要有一定敏感性，才能督促和指引受督者也遵循专业价值和职业操守开展专业服务。如果督导人才没有树立专业价值观、没有贡献和服务社群之心，将很难坚守岗位继续提供优质专业服务。专业价值观作为督导人才必备的素质要求，在督导能力框架再怎么强调都不为过。

其次，要厘清督导人才职业综合能力。根据蒋乃平的观点，综合职业能力包括专业能力和专业外能力。专业能力是指与专业直接相关的基础能力。而专业外能力一般包括方法能力（如思维能力、分析能力、继续学习能力等）和社会能力（如沟通协调能力、适应社会能力、心理调节能力等）。督导工作主要为社工提供监督和指导，也要求督导人才具备社会工作专业服务要求的专业能力和与管理工作要求的专业外能力。在下面的分析中，根据具体情况，笔者把职业综合能力分为专业核心能力和行业通用能力两个维度来分析。

**（二）确定功能**

确定岗位功能是培养具有岗位胜任力员工的前提和依据。要明确督导人才应该具备什么能力首先应该确定他们需要具备什么功能。社会工作督导人才要在行政、教育、支持等方面发挥作用，这是中国香港和其他发达地区社会工作对督导人才功能的要求，这也是社会工作长期发展要求督导人才发挥的功能。所以在接下来的步骤，能力要素分析应该把每种能力要素与行政功能、教育功能和支持功能一一相对应。

**（三）能力要素分析**

督导工作的职业综合能力可分为专业核心能力和行业通用能力，这两类能力还需要根据督导人才的功能进行具体分析，从而探讨各类能力要素的构成。在下面的分析中，本研究将逐一讨论专业核心能力和行业通用能力的构成要素。

1. 专业核心能力

教育功能与支持功能要求督导人才具备与社会工作专业和督导工作有

关的能力，这些能力成为专业核心能力。这些专业核心能力包括专业知识、实务技能、教育能力、研究能力和心理调节能力。

专业知识是教育功能发挥的基础。只有具备系统性的、多元化的专业知识，督导人才才能开始展开指导和教育。社会工作要求社会工作者和督导人才具备社会工作理论、法学、心理学、教育学、社会学、政治学、生态学等相关学科的知识。

实务技能是教育功能发挥的前提。如果督导人才仅仅对社会工作专业理论、专业价值观、专业技巧手法、社会政策、民情风俗等知识的把握停留在对书本知识的认知上是不够的，他们需要把知识运用到一线实务工作当中，达到一定的工作成效。督导人才具备一定的实务经验和扎实的实务能力，把知识与实践相结合，他们才能够针对工作技巧、实务困难和政策运用等方面给出有效的意见、示范和教育，发挥“传、帮、带”作用。

教育能力是教育功能发挥的手法。因为传递知识是“导师”的重要功能。在对知识进行整合和研究后，督导人才选择和优化培训方式，对培训流程进行设计，帮助社工在培训过程中掌握和理解知识要点。

研究能力是教育功能发挥的必备条件，因为光具备实务技能是不够的，督导人才还需要充当“导师”的角色，督导人才需要不断学习最前沿的知识，增加自己的专业知识，并且运用研究方法对知识运用、服务成效、群体需要等相关方面进行调研，把知识系统地传达给受督者，启发受督者思考和分析。

心理调节能力是支持性功能对督导人才的要求。督导人才需要为受督者提供支持，协助他们管理压力和调节情绪。同时，督导人才也需要运用心理调节能力，正向地调整自己的心理状态从而更好地面对督导工作。

2. 行业通用能力

不同于一般社会工作者主要承担一线事务工作，督导人才需要渐渐改变角色，除了承担部分实务工作外，还需要渐渐从一个服务提供者转变为一个管理者，发挥行政功能。不论是商业行业的管理者，还是社会工作行业的管理者，都一律需要具备行政管理的相关能力。我们把这种能力称为行业通用能力。

根据督导人才的行政功能需要，行业通用能力可主要分为沟通协调能力、团队管理能力、策划能力和计划执行能力。督导人才需要充当沟通者、领导者、策划者、执行者的角色。

作为沟通者，他们需要具备沟通协调的能力。在纵向上，他们需要与社会工作机构的行政部门取得有效沟通，把社会工作机构的信息及时准确地传达给受督者，同时需要把受督者的相关情况反馈给社会工作机构和上一层级的督导师。在横向上，他们需要积极地协调受督者之间、社会工作机构内部部门之间、社会工作机构与用人单位之间的关系，发挥沟通枢纽的作用。

作为领导者，他们需要有团队管理能力。他们要促进社工之间建立互助支持网络，提高团队合作能力，促进发挥协同效应，增进团队归属感和凝聚力。同时，他们需要对社会工作进行监督和考核，协助社会工作者制订服务计划，对社会工作者的工作进行检查和督促，定期对社会工作者的服务成效进行考核并向社会工作机构提交，促进服务质量的提高。

作为策划者，他们还需要具备参与社会工作机构制度的建设、制订年度计划和总结以及服务拓展的能力，协助社会工作机构制定机构制度、年度计划和年终评估，拓宽服务领域和创新服务。

作为执行者，他们对自己的工作进行有效的规划，合理安排时间，努力使工作时间和质量与规划保持一致，使工作按时按量完成。

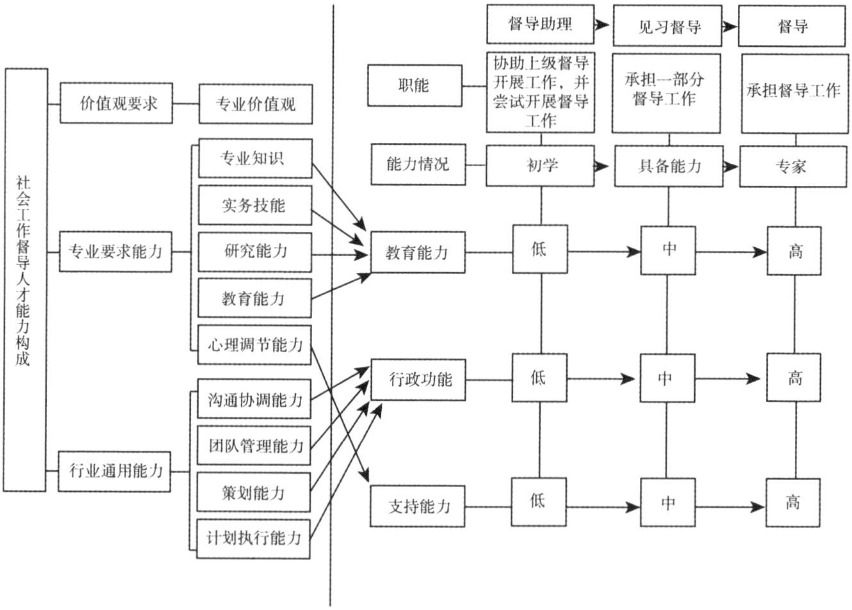


**图 4-3　社会工作督导人才能力框架**

**（四）能力水平要求**

督导人才分为督导助理、见习督导和督导（初级、中级、高级）三级五类。但是无论是哪个层级的督导人才，首先应该具备的是社会工作专业价值观，社会工作专业价值观是社会工作者和督导人才的职业操守和基本准则，是他们开展工作的前提。如果不具备专业价值观，哪怕其他能力再强，他们也无充当社工和督导人才的资格。针对督导人才的培训应该注重专业价值观的树立和运用。

除了价值观要求，督导工作还要求督导人才具备专业核心能力和行业通用能力，这些能力是任何一级的督导人才都要求具备的。但是，因为从督导助理到高级督导的发展过程是一个从督导工作初学者到督导工作专家的过程。所以，从督导助理到高级督导，对他们的功能和能力水平的要求会因其职能不同而不同。

按照能力要素选拔出来的督导助理本身在一定程度上具备发展这些能力的潜能。但是，他们往往可能刚刚接触督导工作，还处在角色适应的过程中，对督导工作不太了解，也还没有能力独立承担督导工作。此阶段，他们的职能主要是协助上级督导开展督导工作，并在上级督导的示范和教育下学习督导工作的内容和技巧。在上级督导认为他们的能力基本具备后，他们可在上级督导监督下尝试开展督导工作，并通过上级督导的意见反馈改善工作。虽然他们能够尝试开展督导工作，但是对他们的教育功能、行政功能和支持功能的发挥水平要求不高。所以相应地，他们的能力要求比较低，而针对他们的能力培训主要是基础的和入门的。

见习督导在经过承担督导助理的工作和获得一定培训后已经基本具备一些能力和经验，他们开始在上级督导的监督下独立承担部分督导工作，从高级初学者向有能力者发展。见习督导的工作相当于实习和试用期，当上级督导进行考核，认为见习督导的能力水平和工作成效已经基本达到初级督导的标准时，他们有机会晋升为初级督导。对见习督导的三大功能发挥水平要比督导助理的水平高，要求功能水平接近达到初级督导的水平，即合格水平。对他们能力要求相应提高，针对他们的能力培训主要是能力提升和技能强化。

督导已经是一个具备合格督导能力的督导人才，可独立承担督导职责之内的所有督导工作，高水平地发挥教育功能、行政功能和支持功能。督导又分为初级、中级和高级，是逐渐从有能力者到熟练者再到专家的过程。督导工作要求具备高水平能力，对他们的培训需要从原来的“通才培训”转变到“专才培训”，需要根据他们的具体需要设计和提供相应的培训（东莞市民政局社会工作科，2014）。

## 第四节　胜任力模式框架下的督导师胜任力

美国加利福尼亚大学的心理学家 Carol A Falender 和培普丹大学的心理学家 Edward Shafranske 提出了基于胜任力的督导模式，虽然他们是从心理学家的角度提出来本模型，但它是一个元理论的方法，明确指出了哪些知识、技能、态度、价值观构成了一个临床治疗师的胜任力，美国临床治疗师和临床社会工作师在工作方法、服务对象等方面同样有一些相似的部分，因此本章结合这个元理论方法和我国社会工作的实际情形来论述社会工作中的临床督导所需要具备的胜任力。

基于胜任力的临床督导是有计划、系统的发展，包括知识、技能、态度的多种胜任力的发展。它包括：观察、合作性的自我评估、基于评估的反馈、经验学习和技能发展、示范和共同的问题解决、持续的评估、反馈、评价、角色示范。

它符合循证实践，也符合政策法规与伦理标准，并且与本土的、文化的、临床上的设置都相符，具有广泛的适用性。

基于胜任力的督导是一个督导方法，是元理论的方法（即可跨理论使用），且并不排斥任何其他的督导方法。基于胜任力的督导方法可以兼容任何督导取向。基于胜任力的督导是一种意图明确且系统的临床督导方法，之前的很多模型会表现出缺乏明确的意图或者系统性，这是胜任力方法与其他方法的一个很大的区别。

### 一、观察

理想的情况下，需要督导师直接观察受督者工作，至少是能够有一些对受督者的干预，无论是直接观察受督者工作还是听他们工作的录音，更好的情况是能够看到受督者的个案会谈录像或小组工作录像，这样督导师就能够提供对具体行为的反馈，它还涉及协作性评估。

## 二、协作性的自我评估

协作性的自我评估，是指督导师基于对工作过程的观察给受督者反馈，督导师和受督者均对工作过程进行观察（然后自我评估），能够直接督导，或者督导师可以观看社会工作者的工作录像。一般来说，人们都不太擅长自我评估。我们都天然地认为自己是特别好的助人者，或者特别好的督导师，然而中立的第三方评估的结果告诉大家，我们并没那么好。而且我们的受督者和我们自己都相信求助者也变好了，我们也不太擅长评估求助者的进步，第三方评估更加客观。我们必须要知道，最近的数据显示将近有8%的求助者变得更糟。所以，我们必须要使用具体的效果评估工具来追踪和评估求助者的求助效果，这样我们就能发现求助者没有改善的情况，然后在临床督导当中进行干预，保证求助者能够进步。

## 三、基于评估的反馈

除了上述需要自我评估的内容，还有些其他的事情也要在临床督导中给出基于评估的反馈，这可能与我们的文化要求不太一致，给出反馈可能很困难，尤其是矫正性的反馈。但是我们通过对受督者的研究发现，如果督导师能把反馈锚定在某种观察到的行为上，那么给出反馈就会变得不那么困难，这样也可以让反馈更加有价值和中立。

## 四、经验学习和技能发展

在督导中可以通过角色扮演进行经验学习和技能发展，督导师允许受督者模仿自己恰当的助人者行为。当受督者遇到与求助者工作的困境时，督导师可以与受督者进行角色扮演，可以这么说："我们来做角色扮演，你来扮演求助者，我扮演助人者。"然后两人互换角色，督导师扮演求助者，受督者扮演助人者。

## 五、提供反馈与评估

另一件需要做好的事情是提供反馈和评估。总体上来说，督导只要聚焦在示范如何做一个助人者上面。这些都是很重要的部分。在后面的章节会专门讲督导协议，督导协议很自然地源于建立督导关系的过程。基于胜任力的督导包含一系列的构成要件，下面会一项一项地讨论这些要件。这样作为一名督导师就知道自己需要学些什么，该如何前进了。

### （一）督导师胜任力模块

督导师胜任力包括七个模块，模块一是作为督导师的胜任力。模块二是在多元文化领域工作的胜任力。模块三是发展与保持督导关系的胜任力。模块四是专业能力上的胜任力。模块五是用适切于当地文化的方式提供诊断、评估和反馈的胜任力。模块六是处理专业胜任力问题，当受督者个案存在问题时，督导师并不知道是不是由于受督者胜任力不足造成的，比如一名受督者见到一个有严重自杀倾向的求助者，而这名受督者刚刚开始实习，已经快被这种情况弄到崩溃了，这时候督导中该如何处理这种情况，才能践行督导师的最高责任？督导师的最高责任是保护求助者的利益和福祉，确保他们的安全。因此，督导师可能需要给受督者一个反馈：这个个案对你现在的水平来说太严重了，超出了你可以处理的范围。这种情况可能不是很常见，但是很可能会发生。模块七是规程、伦理以及法律考量需要的胜任力，是了解伦理守则、法律标准以及工作设置当中的规则。每个模块具体的项目如下。

模块一：督导师胜任力

（1）我能够胜任我督导的这个临床实践领域。当我督导一个我不太熟悉的领域的个案时，我努力在这个新领域当中提升自己的知识、技能还有态度。

（2）我致力于在督导方面学习更多，变得更好。

（3）我和与受督者的培训有关联的同事沟通和协调。

（4）我会学习受督者所接触的人群和机构的多样性问题。

（5）当（如果）我在督导中使用科技，那我能够胜任地运用这些科技。

模块二：多样性

（6）我很重视自己多样性方面的胜任力，争取在知识、技能和态度层面都能够在多样性的实践领域上有所精进，当面临多样性问题的时候能够充当一个“有自我觉察的心理学家”。

（7）为了和所有受督者建立积极的关系，我努力对个体差异和多样性保持敏感，包括受督者的背景和性格特点。

（8）能够提高我在多样性上面胜任力的学习机会我都尽量把握。

（9）我对会影响我的受督者和/或他们的当事人的偏见、先入之见、刻板印象和其他的由制度和结构引发的歧视有充分的认识。

（10）我很熟悉有关多样性对于督导的影响的文献，包括在对受督者督导中处理个人价值观和专业活动之间的冲突的重要性（例如当事人求助的问题与社会工作者的宗教信仰有冲突）。

模块三：督导关系

（11）我跟我的受督者建立和保持了合作性的关系 。

（12）在一段新的督导关系开始时，我和受督者讨论我们两人各自的责任和期望。

（13）我跟我的受督者定期回顾督导的进展和督导关系的有效性，并处理可能会对督导关系和过程有影响的个人风格。

模块四：专业性

（14）我在与受督者的互动当中保持专业性，也教他们作为专业人员如何自己做到这点。

（15）我给受督者提供持续性的（例如形式性的）和总结性的反馈，告诉他们在专业行为的发展上面的进展情况。

模块五：提供评估，评价和反馈

（16）在提供跟受督者学习目标有关的反馈时，我很直接且保持敏感性。

（17）我小心地观察和监督受督者的临床工作表现，以保证我的评估是基于准确的信息的。

（18）我的反馈是清晰、直接和及时的。这些反馈都是针对行为的，这样受督者就能够知道他们哪里做得好、哪里可以继续提高。我会监督这些反馈对于我们关系的影响。

（19）我帮我的受督者作更准确的自我评估，并且把他们的自我评估结合到我对他们的评估中来。

（20）我在我的受督者那里寻求督导质量的反馈，然后用这些反馈来提高自己作为督导师的胜任力。

（21）当处理受督者的临床工作表现问题时，我会直接通知受督者，同时配合我所在机构、所属主管单位和司法的相关政策、程序。

模块六：专业胜任力问题管理

（22）如果我发现受督者的工作表现问题，我会及时地识别并和督导师一起处理这个问题，这样他就有适当的时间去改进。

（23）我能为受督者的工作表现问题制订一个正式的矫正计划。

（24）我知道作为督导师有义务保护公众不受我的受督者有害行为的伤害，并且认真地充当一个职业准入的把关人角色。

模块七：伦理、法律和管理方面的事宜

（25）我通过遵守作为一个心理健康的实务工作者的职业标准、伦理以及法律要求，为受督者作出榜样。

（26）作为督导师的首要责任是保护受督者的当事人。这是督导最优先的考量。

（27）我会清楚地告诉受督者在督导中我对他们的预期。

（28）我坚持按时且准确地记录受督者的表现。

举一个例子让大家看到一个督导师的胜任力评估看起来如何。第一在模块一里面有个项目是："我能够胜任我督导的这个临床实践领域。当我督导一个我不太熟悉的领域的个案时，我努力在这个新领域当中提升自己的知识、技能，还有态度。"这是一个对于督导师很重要的胜任力，保证在督导的时候只在自己具有专业胜任力的领域工作。第二就是提供督导的时候，承诺会为督导的顺利进行学习更多，变得更好，现在你们每个人都在通过上这门课和观察做到这一点。第三是"我和与受督者的培训有关联的同事沟通和协调"，协作是一个关键点。有时候能够观察到受督者很迷茫，因为几个不同的督导师告诉他们做不同的事情，如果像上一章中讲的多元联合督导模式中有多个督导师的设置，那么他们就很有必要一起合作，确保受督者获得准确的信息，这样他们才能为求助者提供最好的临床服务。第四是了解受督者可能遇到的所在机构的人群和多元化问题，说到多样性和多元文化的胜任力，其实是在说很多方面的多样性，求助者的年龄、所在的时代、受督者和督导师所处的不同时代，不同的国家、不同的关系状态及其所处的不同阶段、城乡差异带来的一系列问题、所说的语言、性取向、性别，还有很多不同的身份定位。要考虑这一切，并把求助者作为考虑这一切的锚定点，还要考虑求助者的世界观情况，以及求助者的宗教世界观，考虑以上这些因素是如何影响临床督导的。当然，如果督导师使用高新技术，比如视频督导或其他形式的远程督导，要确保督导师能够胜任地使用这种设备，因为如果需要远程进行督导，或者受督者要进行远程咨询，对技术的胜任力就变得尤其重要。督导师还有一个很重要的工作，那就是需要对自己的督导力作一个自我评估，然后定位出需要继续发展的领域，这样就能刻意地在需要改善的地方多学习以提升胜任力。

**（二）督导关系**

督导师可以通过下面这些方式建立关系，比如与受督者讨论他们的兴趣与爱好，讨论他们的自我评估以及他们的督导目标，确定受督者可以完成的任务，还有能为受督者的胜任力提升做点什么，还需要十分留意督导张力改变以及关系破裂的情况，在受督者感觉不被理解的时候就有可能发生，或者当你看起来不赞成受督者的一些做法时，或者只是在督导关系当中感觉到不舒服或者有冲突时，当发生这些情况时，督导师能识别出关系破裂和张力就很重要。这种情况下督导师可能需要会商，或者直接跟受督者讨论目前的问题，以确定这些不会影响督导关系，最重要的是不要影响受督者对求助者的帮助。所以学习如何修复这些破裂的关系就变得很重要了，所以不仅仅是建立关系，还有如何识别关系中的问题，以及如何去修复督导关系。

总体来讲，这里讲的督导关系包括建立关系、督导目标讨论、督导师的自我评估、督导中张力和冲突的处理、识别面对和处理冲突、修复关系的能力。督导关系的建立也是督导中核心的部分。

**（三）规范、伦理和法律要求**

这里面最基本的部分就是要熟悉现有的伦理准则，中国社会工作关于规范、伦理的最新文件应该是在 2012 年民政部颁发的《社会工作者职业道德指引》。每一个社会工作者都应该非常熟悉并且遵守这一守则。虽然职业道德指引这个文件对于专业和职业的发展来讲还远不够细致，但它仍然为伦理问题解决提供了框架，所以所有的督导师都应该对伦理标准很熟悉才行，还有所在环境当中的规则规范。这些就是在胜任力框架下临床督导的基础知识。

在美国，为健康服务相关的心理学科发展出了临床督导指南，发展出了一个关于临床督导的假设，其中之一是临床督导是一种区别于其他临床工作的胜任力，需要正式的教育和训练。这意味着，再也不能按照你曾经被督导的方式去做督导或者你认为应该的方式去做督导了，必须是一种受到正式和专门的训练。第二个假设是，保护求助者和公众永远是第一优先级。我们的最高责任就是确保求助者受到恰当的照顾，以及确保公众受到了保护。上面这些都比保证提高受督者的能力更重要。

提高发展专业性、受督者的胜任力，还有受督者的专业性发展，我们必须确保受督者正在进步、在学习，正在获得成为优秀助人者应有的胜任力中，并且能够为他们的求助者提供优秀的服务。这要求督导师具备所有受督者应当具备的胜任力，并且督导实践是具备循证依据的。这也意味着在临床督导领域正在积累大量的研究成果。

还要注意的是，临床督导需要一个尊重的、合作的督导关系环境。这意味着督导师期待受督者方面的信息输入：我们希望与他们合作，我们想问问他们最近情况如何，他们感觉如何，我们希望获得他们的看法，他们可能有非常重要的视角，因为他们跟求助者坐在一个房间里工作，而且他们接受过训练，他们的胜任力也需要被尊重。总而言之，这是临床督导的重要方面。

我们要尊重受督者以及他们的求助者，另外理解督导关系是在等级框架下的合作也很重要，督导师的确是有一些权力的，督导师有权力让受督者必须去见某些求助者。如果求助者有些风险因素，督导师也有权介入服务过程，受督者可能不同意你的介入，但是作为督导师我们有权无视他们的不同意，这也会分清督导师和受督者的责任范围。受督者在督导会谈当中要承担很多责任，他们需要带来求助者的材料、尽可能多的问题，还要带来结构和框架，也就是从他们的角度看什么是最重要的，然后督导双方在督导中系统地讨论这些问题。

我们需要在督导全程当中很认真地考虑多元文化的议题，很多时候，我们很容易忽视一些问题，“嗯，就是上了岁数的女性”“哦，就是个孩子”，我们必须很认真地考虑代际的差异、地区差异、各种因素的不同，因为这些不同的影响实在太大，可能是影响督导和服务是否成功的关键因素。

还要小心的是，督导同时会受到专业的和个人的两方面因素影响，会受到我们学过的知识的影响，也会受到我们的理论取向影响，但也同时受到我们自己的影响，因为我们的人格因素也严重影响到督导。

督导要基于伦理和法律标准进行，督导师需要向受督者描述伦理是什么，确保他们知道符合伦理的实践是什么，法律标准是什么，这样才不会造成困扰。使用基于发展优势的督导方法，督导师需要随时考虑受督者的优势是什么，我们都需要基于这种优势确保受督者在发展、成长，变成很棒的助人者，也许最终还会成为督导师。我们需要督导双方都进行反思性的实践和自我评估，自我评估应该是持续性的，它包含双向的定向的反馈，意味着我们在反馈受督者同时，也需要从受督者那里获得反馈，这可能很困难，督导师可以说一些能够鼓励受督者给自己反馈的话。例如，“你觉得我们的督导里面哪部分对你来说最有效？你是否喜欢我给出反馈的方式？你是否喜欢我们一起反思的部分？是否喜欢我们的角色扮演？”无论什么让受督者感觉最有效，督导师都要争取到这样的反馈。督导师也同时要给受督者反馈他们在临床工作上面的优势，以及他们有待提高的部分。督导师也要承担专业守门人角色，因此，如果督导师察觉一个受督者不太胜任助人工作，对求助者造成了伤害，就要把相关人员组织起来进行会商，讨论如何处理这种情况。

**（四）督导开始前的准备**

在督导师和受督者发展督导协议之前，需要进行一些准备，也可以称之为第一次讨论。督导师需要跟受督者讨论他们之前的训练和经验，他们有什么问题要问我们，有哪些他们的个人议题是会出现在一般的临床个案当中，确保我们已经为他们的督导做好了准备。他们之前的督导是什么样子的，之前的督导是否有效，会不会影响到他们的临床实践，有没有什么他们觉得非常有效或者不喜欢的。有时受督者会这么说：“我真的很喜欢很支持我的督导师，那种很认真地听我讲还不断做反应，还会基于我说的东西给我反馈。”有时候他们会说：“我不喜欢那种特别指导的督导师，就是不停告诉我做这做那，他们甚至都不知道我做了什么，或者他们知道我做了什么，指导实在是太多了却没有互动的过程。”我们坚信督导过程应该是一个互动的过程，而不是督导师直接告诉受督者应该做什么。

再强调一下，受督者也应该很清楚督导的目标是什么，有时候受督者不是很愿意提供他们自我评估的缺点，有时候他们因为害怕丢脸，或者不想说自己不擅长什么，或者很担心我们会怎么利用这些信息，所以督导中非常有必要建立一个安全的和尊重的环境。这样受督者才可能在他们不知道要怎么做的时候，或者他们觉得备受打击或者自己不胜任的时候会告诉督导师，督导师也有必要用一种极其尊重和私密的方式表达这些内容。

在经验中学习也是一种很重要的学习方式，督导师可以跟受督者一起讨论，也可角色扮演看看他们可以做什么，当他们到了一个很困难的境地，不知道如何去做，或者他们是新手，这些方法可以帮助他们结构化当下的情境，甚至跟他们练习，助人会谈看起来会是什么样子，可能会出现什么议题，以及如何基于所在环境用一种合作的方式讲出这些议题。澄清训练目标，并且与受督者合作确定要如何达到这些目标，这也是建立督导关系的重要步骤。

另一个步骤是把可能涉及的多元文化议题都进行一次澄清，有时候受督者可能没有兴趣说任何在服务当中存在的问题，这时候我们需要很耐心，从他们的临床经验听起，听听他们的求助者发生了什么，逐渐地他们愿意告诉你什么知识是他们真的很需要学习的，哪些方面他们感觉很担心。

督导师对工作过程的直接观察很重要，如果我们完全依靠受督者告诉我们的全部个案会谈或小组工作的过程，你们认为受督者的这些描述会有多准确？美国的数据表明，受督者不会告诉督导师全部的信息。有时候受督者不会透露服务过程中的全部事情，一个可能的原因是，他们很难记得住服务中发生的全部事情，除非用录音的形式录下全部会谈，否则很难记住所有的事情。另一个可能是，受督者非常希望督导师认为他们是好助人者，他们害怕如果告诉他们犯的错误以后督导师的反应，因为通常他们都不希望有人知道他们犯错了。他们可能也不想透露他们的情绪反应和反移情，因为他们可能认为这不正常，或者这不是个好事儿。所以督导师正常化这个过程就很重要。督导师让受督者知道，在临床工作当中产生很多感受是很正常的。督导的一个部分就是保证受督者能够比较自在地说出来这些感受，能够很自在地跟我们讨论任何跟临床工作相关的事情。很重要的因素是，督导师要在受督者需要的时候能够帮助他们，督导师想要监测受督者的工作进展如何，以及他们作为一个助人者的成长情况，所以受督者的表露部分是很重要的。

另一方面则是督导师的自我表露，督导师应该对受督者表露多少。表露的原则对督导师来说很重要，与临床工作当中的自我表露一样，督导中的表露应该是具有目的性、有原因、有选择的。所以，如果督导师发现在督导过程中自己说得太多了，就需要对此反思，因为这不是督导。有时候督导师表露是因为也曾遇到过类似的求助者，可能会知道有些做法会有帮助，例如去寻求会商、找督导师或者面质求助者，或者努力参与会谈进程，确保自己的情绪不会超过“应当”的水平而影响督导。这些都是比较恰当的暴露，因为这些都是专业水平的自我暴露，而有时跟受督者发展出来一种“类友谊”的关系，一起讨论我们这个周末去做什么，我们看了什么电影，我们还参与了什么活动，这些就不是专业水平的自我暴露。督导师必须要知道，需要把焦点始终聚焦在求助者身上，确保的确在督导我们的受督者，针对他们的个案，他们的临床设置中。

1. 建立督导同盟

确保督导同盟的影响因素包括儒家文化、等级差异，到底督导师有多少权力，如何评估，评估结果如何运用等，提前跟受督者讨论清楚很重要，而且要写进督导协议中。如果没有跟受督者讨论权力问题，没有告诉他们督导师要观察他们的工作，需要听他们如何工作，以及要给他们反馈和告诉他们如何继续，这些都会阻碍督导同盟的建立。

要去讨论督导师的一些权力，这种关系对他们来说看起来是什么样子，在这种关系里面他们感觉如何。尽量把这些都放在台面上。可能在督导刚开始的时候，讨论这些是不可能的，但是随着你们关系、同盟发展得越来越强，把这些拿来讨论会变得越来越容易。

对督导协议进行调整也是一个很重要的组成部分，有一个经常出现而且也很难说出口的问题是，受督者在多大程度上是享有保密权利的，如果受督者告诉督导师他们私人生活的事情，这是会被严格保密的吗？就像是职业道德指引中的保密原则要求的？但职业道德指引要求的是社会工作者对服务对象保密，并没有涉及督导师对受督者保密。仔细想一下，思考这件事本身就很重要。因为你一定没法向你的受督者保证保密，比如说你在一家社会工作机构做督导，受督者暴露了一些事情，有些事情你是不可能完全保密的。所以仔细想想，你是不能对受督者作出保密承诺的，需要考虑有什么事情受督者可能告诉你但你没有办法保密？有些可能是他们违背了职业道德指引或者法律要求，就没办法在督导的设置中替他保密，还有一些受督者说的关于他们个人的因素，比如他们严重酗酒、使用毒品，督导师就可以告诉他们这样会影响到他们跟求助者工作，这些事情就不能替他们保密了。总之，督导师不要承诺自己做不到的事情。

2. 工作日程的使用和受督者的准备

督导师希望受督者如何为督导做准备？希望他们在找督导之前做些什么事情？是否希望他们能先思考一下自己的个案或小组会谈，是否先自己回顾一下工作录像，想想哪些事情是他们做得非常好的，哪些事情是他们还有问题需要跟督导师讲的。在督导中督导师需要既讲到受督者长处，也要说到他们需要提升的地方，不应该只聚焦在需要发展的点上面，还需要聚焦在他们已经做得很好的部分。所以，他们需要为讨论个案做好准备，当然也要准备好告诉我们所有的风险和危险，比如求助者有什么自杀的想法或者凶杀的想法，我们需要第一时间就知道这些，而不是等到督导时间。如果他们使用某种流派取向工作，以人为中心或者其他，工作日程就会比较好用，受督者可以按照日程在督导会谈前做准备。日程的一些要素包括：第一，日程指出了督导会谈要讨论哪些个案，然后按照需要的程度排序列出一张清单，哪些是今天最需要讨论的，然后往下排，一直到最不需要讨论的。不仅仅是他们想要讨论的顺序，督导师也可以给受督者布置作业，让他们回去练习某种特定的技术，与他们的同事做角色扮演之类的事情。督导师会要求他们在下一次的督导会谈中汇报进度。如果督导师希望有一个系统性的过程来讨论服务会谈进展，那么还可以再给他们一个“锦囊摘要”，就是督导师告诉受督者，哪些信息是最重要的，需要他们持续跟进，可以是针对求助者，也可以是为下次的督导做准备，然后督导师会要求他们为督导会谈作反馈，督导的哪一个部分让他们感觉最有效，哪部分他们希望有所改变。然后督导也需要给他们一些反馈，他们有哪里进步了，他们多大程度已经达到了目标，还有哪些部分（通常一两个）他们还需要继续努力，这些部分都要跟督导目标关联起来。

### （五）督导师的自我评估

很多督导过程都包括自我评估，而且督导师需要持续性地进行自我评估，持续地思考自己知道什么，思考哪些方式效果良好，下一步要怎么做。举例而言，督导师需要考虑督导关系建立得如何，目前在这一点是不是已经胜任了？或者说这是需要继续努力的部分？或者在两者之间？这是你擅长的领域吗？还是需要往现有的工作中增加一些其他的要素？还要思考有没有使用督导协议？有没有包括相关的知情同意内容，有没有跟督导指南或者督导自我评估关联起来？这些都需要回顾确认。这些是否跟督导会谈的主题一致？督导师有没有学完这些内容却还在跟原来一样做督导？在临床督导当中，还真的是个问题。经常来说，大家总是用自己熟悉的方式实践，就像他们一直在做的事情，其实应该采用新的基于胜任力的、系统的、密集的过程，所以督导师需要保持自我监控，随时注意自己有没有回到老路上去，随时考虑还有什么需要增加的东西，有什么可以增加到督导会谈中，有什么是需要更多关注的，督导师有什么长处，有哪些地方可以继续开发？重要的是，督导师是要给受督者做榜样的，如何对待自己的不足是需要示范的最重要的部分之一。如果督导师能够在自我评估之后找到自己的劣势，而不是单纯地说：“我各个方面都挺好的。”这才是理想的，因为我们相信，就个人而言没有人十全十美，我们一直在进步。即便督导中讨论的是基本的和初级的技能，双方还是可以发展和进步。

再反思自己是如何与受督者讨论督导中的有限保密的，你有没有说得明白，是不是把边界划清楚了。提到自我评估，我们通常会提到职业道德指引，在督导会谈中，督导师有没有提到职业道德指引，有没有强调职业道德指引的方面？

请想成为督导师或已经是督导师的读者先花一点时间想一想，在上述众多临床督导的方面，哪部分你觉得目前有一定的胜任力，以及哪一部分是自己真的需要多训练和提高的？

**（六）受督导的自我评估**

在这个部分我们了解一下受督者应该在自我评估时评估什么，非常有必要讨论的就是反思性实践和自我评估，反思性实践的关键内容就是愿意关注自身，对自身有基本的留意以及自我意识，这就意味着我们有多愿意为督导而敞开自己内心，多愿意反思我们的临床实践，而且非常留意自己进行会谈时的内在过程，既包括督导会谈，也包括受督者的个案工作会谈或小组工作会谈。督导师还要思考受督者的问题解决技能，他们的批判性思维能力，以及他们组织推理能力，他们在知识上的好奇心和灵活性，以及他们对个人信息自我暴露的意愿和能力。这些都是很重要的行为，以及很重要的受督者作为助人者的发展阶段。随着他们的进步，督导师要开始关心他们的自我评估了。我们将会面临的一个情况是，在某些特定设置下，有时可能很普遍，受督者出现了替代性的创伤体验，他们被求助者的创伤体验、求助者的痛苦和生活经历严重影响，他们本人会觉得这种创伤对于他们是如此的真实。他们会发现很难把这些替代性创伤与他们自己的体验分开。因此，督导师需要一直强调受督者的自我观照，当我们想到自我观照时要如何鼓励受督者开始自我观照，其中之一是要让他们开始觉察到，他们在一段时间里面感觉如何？当一个会谈或者求助者让他们感觉到压力大的时候，我们作为督导师鼓励他们能够跟我们讨论，确保他们发现并有所觉察。我们需要让他们感到安全，可以自我暴露自己的自我观照方式，让他们感觉可以很舒服地谈论自我观照，我们要一直确保自己不会变成受督者的助人者。助人者和督导师之间的界限一定要足够清晰，如果我们的受督者说他们压力特别大，感觉很难过，感到抑郁，我们就需要反馈给受督者："可能是因为你的求助者很抑郁，你的抑郁可能是对求助者的反应。"我们需要向他们推荐额外的支持，他们可能要去找找参加哪些活动让他们开心起来，也可能他们需要给自己找一位心理咨询师，这样帮助他们处理他们的问题，因为我们不能给他们做治疗。这是一个最基本的红线。我们绝对不能成为受督者的助人者，但是要提供支持。

**（七）专业性**

另一个胜任力的模块是专业性。我们希望我们的受督者开始像助人者一样思考，开始像一个社会工作专业人士一样考虑问题，为了达到这一点，我们希望他们很有条理、体贴周到，我们希望他们展现出胜任力需要的知识，持续的自我评估，思考自己需要继续进步的领域，也许可以考虑加入社会工作的专业组织，这样能够与其他的社会工作专业人士都保持更密切的联系，还可以参加一些培训项目。一般来说，想一想受督者的行为对求助者的影响，他们对此的觉察，其中一部分也是，他们的行为对我们有什么样的影响，然后可以向他们反馈这些。如果他们影响我们的方式很特殊，我们就很有必要告诉他们，问问他们是怎么想的。这可能和见他们的求助者的感觉类似。想想这个例子，一个社会工作者没法留住他的求助者，求助者经常脱落，督导师可能就需要通过模拟的方式反馈给受督者，助人者呈现在督导会谈中的哪些方面会导致脱落，基于你对受督者这个人的理解来反馈这些。所以，如果我们感觉这个人非常挑剔，十分消极，那么我们就很有必要向他们表达这一点，受督者是不是也把相似的东西呈现给了他们的求助者，这种情况下，我们就呈现了透明度和反馈，这些对受督者的发展很有帮助。

总体来说，我们来总结一下。基于胜任力的督导模式是很复杂的，包括很多不同的方面，能够与你的受督者一起，系统地使用它是很重要的。这样能确保你的受督者会变成一个优秀的助人者。对我们个人而言，一个好的督导师需要在督导实践中呈现计划性和系统性，我们需要一直不断地自我评估，思考我们哪里还可以继续进步，从我们的同辈和同事当中寻求合作，保证我们提供了非常好的服务。一直保持对最新的临床实践和知识更新，因为无论是督导领域还是社会工作实务领域都在飞快地发展。

工作效果评估的意义就在于，让我们的受督者对求助者效果的估计和求助者的症状减轻、行为改善保持相同步调。例如，如果我们的求助者是跟儿童一起工作的，我们会要求儿童求助者的家长评估儿童行为，我们甚至还会准备一些可以让儿童自己评估的工具，每次会谈之后都要评估，然后我们会把这个带入督导会谈当中，以确保工作效果评估也是督导的一个重要组成部分。这样我们才知道从求助者自己的角度来看他们现在如何了。如果你尝试了上面每一个议题，你会发现临床督导超级有趣，非常有挑战性。你和受督者都会一直、不断、持续地在各个方面进步。你会发现，在你教你的受督者的同时，也在向他们学习，然后会构建一个非常棒的专业合作关系。

# 小 结

本章论述了成为社会工作督导师所需要的前提条件——做一名合格的社会工作者，回顾了社会工作者所需要的基础能力、具体能力和特需素质，以及关于临床实践的要求。满足前提条件后，则需要为督导师做一系列的准备——掌握督导师的知识和能力，并做好态度上的准备，学会客观地自我评估。

当前面两方面的准备做好之后，就开始向督导师转型。第三节基于我国广东省东莞市在培养督导人才过程中提炼出的职业能力发展路径，帮助读者简要了解督导人才的发展过程。在本章最后一节内容，我们详细介绍了基于胜任力模式框架下的督导师胜任力，这里强调反思性实践、自我觉察、评估与反馈等环节，是社会工作督导实践中非常重要的视角和做法。

# 第五章　如何签订督导协议

建立督导协议是建立督导关系开始督导工作过程中非常具有仪式性的环节，也非常重要，本章和大家一起探讨签订督导协议的过程。

## 第一节　签订督导协议的目的

### 一、督导协议的目的

督导协议是两人之间的职业性协议，其目的如下。

**（一）保护求助者和公众**

开始督导协议并不存在，随着这个职业的不断发展，督导协议的功能和意义越来越重要。新手社会工作者接受督导是对求助者增加了一层保护，一个更有经验的人来帮助求助者，遇到问题一起商讨。研究发现，接受督导的助人者更有胜任力，对于公众来讲可以更好地信任助人者。

**（二）保护职业者（受督者和督导师）**

受督者如果刚刚拿到资格证书，往往是经验不足的，这样的情况下，遇到求助者指责助人者没有胜任力，督导师会帮助受督者去观察问题、找出解决问题的方法，对于助人者来讲是一种保护。如果求助者到法庭上起诉了助人者，有督导师参与助人过程这个事实也是助人者非常负责任的一个证据，可以分担一些对于个案的认识和责任，督导协议会对助人者和督导师的责任写得非常明确，所以也保护督导师。这个保护的意义是从职业上来讲的。

**（三）提高督导质量**

有一些很简单的事情容易想不到、做不到，比如有些社会工作者寻找的是需要付费的一对一督导，如果在事先没有讲好付费的问题，助人者有一天忘记了和督导师的会谈，而督导师事先把这一个小时已经预留给了助人者，那这一个小时是否需要付费，这样的问题需要事先在协议中呈现的，否则就会出现不清晰的情形，会给双方带来一些不舒服的感觉，就会进一步影响督导关系，进而影响督导质量。所以，督导协议提前把能想到的很多事情写进去，就会提高督导质量。

**（四）增强双方的责任感**

督导协议明确写在纸上，存在性更强，如果只是口头说过的事情，往往会出现记忆不可靠的现象，为了避免内容枯燥，在操作过程中，经过两个人的协商，还是可以进一步修改的，内容需要依据职业的规章、道德、法律等内容制定的，因此双方都必须负责任地去制定协议条款。

我们在制定督导协议条款的时候，首先保护的是求助者、职业者、大众和这个职业，关注于提高督导质量，而不是关注谁的利益，因此这个协议和商业上的一些协议非常不同，前提是督导双方都有高度的职业观，要有伦理道德法律的意识，这些都应该写入督导协议书中。

## 二、督导协议起效的因素

**（一）伦理、法律和职业上有关的注意点——不清晰性和复杂性**

首先，受督者和督导师在督导开始之前就应该把整个过程的方方面面都想一遍，这种责任心会反馈在工作过程中，学习做助人者的过程实际上是学习做人的过程，督导过程也是一个示范，开始讨论协议的时候就已经进入了工作状态，以负责任的态度做负责任的事情会渗透我们工作中的每一个环节，所以，首先这个过程就能起到很好的作用。

其次，我们的职业中有很多不清晰的地方，尤其涉及伦理、道德和法律上有关的一些点，我们在伦理课程中会有很多两难困境，在制定督导协议的时候就可以防止一些问题成为两难困境，比如之前讲到付费督导的例子，如果没有督导协议或者协议中没有明确受督者迟到或缺席是否该付费，那么当意外真的发生时，受督者到底是否要付费呢？这就是两难困境，受督者会觉得督导没有实际发生，我凭什么付费，而督导师觉得如果你没有事先预约我就会安排别的工作，就可以有这部分收入，而你的爽约让我损失了这部分收入，双方都会觉得自己有道理，督导师主动提出要付费，或者不主动提出都会觉得不舒服，最终不管受督者付费与否，都会让一个人心里觉得不舒服，势必影响督导关系和督导效果，如果在督导协议中提前明确这一点，就不会产生这样的两难困境。

还有一个例子，受督者和督导师的理论取向不同，督导师是人本主义背景，受督者是认知行为疗法的背景，因此受督者对督导师的一些指导总是持怀疑态度，而督导师也会感到被拒绝指导，体验到挫败感，于是后来双方重新调整督导协议，讨论督导过程中信任的重要性，并且在督导协议中写道：

“受督者在接受督导的时候，如果觉得督导师有让自己不满意的地方，则有责任让督导师了解这部分。”

“如果受督者告诉督导师有些地方不满意时，督导师有责任以职业的态度去面对这个问题。”

本身修改协议的过程就给了双方一个沟通的平台去讨论关键的问题，使得后期的督导关系非常融洽，后面也并没有出现过不信任的问题。

因此，制定督导协议给了双方一个平台和一个机会去讨论那些关键的问题，就是事先想到很多情况是谁的责任，是给我们提前沟通、计划和准备的一个途径，是非常负责任的态度。

一些新手助人者在刚刚执业的时候对于求助者的信息保密不清晰，对隐私缺乏保密意识，当他们的一些做法容易受到别人对伦理的质疑时，这时候督导师应该如何去做，受督者应该如何去做，督导协议中写清楚：受督者有责任对于社会工作者职业道德指引的相关规定完全熟悉，有了这个前提，督导师在和受督者讨论伦理问题的时候就会有基础。还应该写明：如果督导师发现受督者有某些地方在伦理上被质疑时，应该停止讨论求助者的问题，转而讨论受督者的职业行为。有的时候督导师会困惑自己什么时候可以和受督者讨论他们的个人问题，什么时候不能讨论受督者的个人问题，这是一个界限问题，那么在协议中约定刚才这一条之后，就让讨论伦理问题变成了非常重要的不可或缺的事情，而且也没有突破督导关系的界限。当督导师觉得受督者在伦理上存在比较严重的问题时，还可以让他们停止继续见求助者，这些内容都可以写在督导协议中，就会让工作框架非常清晰，在真实发生一些问题的时候就不会手足无措。督导工作在法律上和伦理上本身是有很多不清晰的地方，事前清晰地讨论和约定就能尽可能避免这部分。

**（二）减少操作过程中的不确定性或模糊点**

在美国当受督者是助人专业的实习生时，督导师要负责受督者所有求助者的安危，因为受督者是没有执业资质的人，督导师是有执业资质的人，受督者在督导师的指导下进行工作，当出现问题的时候求助者起诉后，督导师的执业资质会受到威胁，目前在我国督导的情形中并没有这部分责任，那就应该在督导协议中写清楚，如果求助者有危机的情况下，受督者必须第一时间联系督导师，如果督导师请假外出，也务必要把电话留给受督者，或者为受督者安排可以替代的其他督导师，不可以出现受督者找不到督导师的情形。在我国没有这个设置，那更加需要督导双方讨论当受督者遇到危机个案的时候该怎么办，这些写在协议中会更加清晰。

在操作过程中也有一些模糊点，比如在学校的社会工作者，一方面需要对求助者的事情保密，另一方面学校又有要求，如果发现求助学生有自杀倾向需要立刻突破保密原则，通知家长等，这些问题也要非常清晰地在协议中写清楚，会更加容易操作。如果遇到受督者是学校社会工作者，而督导师不是学校的雇员，这里面就会出现关系问题，所以在协议中提前考虑到操作的模糊点，也会对双方非常有帮助。

**（三）同时保障督导质量和相关人士，自我保护有时很难实施**

自我保护讲起来容易，实施起来却非常难，因为我们的工作目的不是保护自己，保护自己是工作过程中的一个重要环节，所以有的时候目的和过程会产生冲突，我们要同时保护自己和求助者，同时又要保证督导过程要对受督者有帮助等，在这个方面也需要提前达成共识，所以在签订督导协议的时候需要去讨论这个问题。如果一名督导师在督导过程中，推断受督者在临床上有冒险行为，又不想打击受督者的探索精神，但同时督导师既要保护自己，又要保护案主的利益，担心受督者的冒险会给求助者带来伤害，甚至会威胁到督导师的专业名声和执业资质，这时候督导师应该怎么办？这个部分提前多一些讨论就会在实际过程中多一些可行性。

## 第二节　督导协议的内容和形式

### 一、督导协议的内容

**（一）督导目的**

（1）监督和确保受督者的案主的利益和安全。

（2）保证专业人员的专业能力。

（3）促进受督者职业认同和能力发展。

（4）为受督者提供评估性反馈。

**（二）督导结构（操作）**

包括督导工作的频率、时长、阶段性、督导双方应准备的材料和完成的任务等。

**（三）督导双方的责权利**

督导师责任和义务、受督者的责任和义务（督导师的要求）、督导关系的内容等。

**（四）保密的局限性**

如学校社会工作者遇到危机干预情形时，督导师可能需要对校方政策负有责任；司法社会工作者对涉罪未成年人服务时，督导师可能需要根据相关法律对司法行政机关负有责任等。

**（五）费用、数量、支付方式等**

**（六）督导师的责任和义务**

（1）承担为受督者提供服务的专业责任和义务。

（2）监督和管理案主个案概念化和服务计划，评估包括危机干预情况在内的所有方面：警告和保护义务，法律，道德和管理标准，多样化因素，受督者对案主的反应性和反移情管理，对督导关系的压力，以及确保受督者为案主提供有用的服务。

（3）对受督者所有的报告、案例记录和交流进行审查。

（4）维持和发展一段尊重和合作的督导关系。

（5）进行有效的督导，包括介绍督导师的理论取向，以及保持督导和对受督者的个人治疗之间的区别。

（6）帮助受督者设定和达到目标。

（7）为受督者的任务和能力提供反馈。

（8）提供连续的督导关系形成和结束的总结性评估。

（9）当受督者没有达到督导项目预期的能力标准时，应告知受督者，并采取补救措施来协助受督者的发展，如果受督者没有达到相应的能力水平，需要被执行的过程指南应当写入评估报告。

（10）公开自己培训、专业和专业知识的领域、先前督导培训和经历，以及自己之前曾被督导的领域。

（11）如果督导师必须取消会谈，至少需要提前提出，如果临时错过一次督导会谈，需要遵循本合同要求，重新安排时间进行补偿，不再额外收取费用。

（12）保留临床督导和提供服务的文献资料。

（13）如果督导师发现某个案超出了受督者的能力，督导师可以与受督者一起作为个案的协同社工，或者把这个个案转介给另一名社会工作者，督导师的处理取决于案主的最佳利益。

**（七）受督者的责任和义务**

（1）理解督导师对受督者专业实践和行为的义务（直接的和间接的）和责任。

（2）执行督导师的指令，当临床问题、关注点和错误出现时，暴露它们。

（3）识别案主的状态，每次按照督导师的要求提供服务录音文件和服务工作报告及录音转写材料，与督导师讨论临床工作的所有方面均需获得案主的知情同意，可以体现在社会工作服务协议中。

（4）参与督导讨论案例时，准备完整的案例记录和个案概念化，案主进展，临床和伦理问题，以及相关的实证研究文献。

（5）将案主的临床相关信息告知督导师，包括案主进展、风险情景、自我探索、受督者情绪反应或对患者的反移情等。

（6）将督导师的反馈整合到实践中，并每周给督导师提供关于案主和督导过程的反馈。

（7）在紧急情况下寻求和接受即时督导，督导师联系信息：________。

（8）如果受督者必须取消，需要至少提前______天提出申请，如果错过一次督导会谈，费用需要按照平时支付，并且督导师不再补该次会谈。

督导师对求助者的责任，在机构里可能和机构外会不一样。

**（八）危机情形可否电话联系督导师等特殊约定**

**（九）关于理论倾向的问题**

督导双方可以是不同的理论流派，但是督导师应该对受督者的理论倾向有所理解和认识，作为督导师要考虑自己在多大程度上对受督者的理论持开放态度，或者对方需要在多大程度上要对自己的理论持开放态度。有时候在实务中一些决定会和理论倾向有关系，所以需要提前讨论和评估。

在制定督导协议的过程中非常重要的部分是要考虑具体文化和情境。督导的含义中有“督”监督的含义和“导”指导的含义，受督者的成长也是非常重要的内容，因此需要考虑我们自身的国情。

附录部分提供了一个督导协议范例，供读者参考。

### 二、督导协议的形式

由双方认同协议中的所有条件后，打印正式的协议并签字，最好有第三者见证双方签字的文件。虽然督导协议目前在我国没有直接的法律效力，但被见证过的督导协议在法律面前可以起作用，可以被视为双方有事前共识的证据，并可以呈现于法庭上。

如果求助者到法庭上起诉助人者时，助人者可以提供一份督导协议证明他在接受督导，并且助人者和督导师都具有非常负责任的职业态度，这些内容呈现到法庭上会成为法官判决的一个依据，可以此判断助人者的伦理道德法律规范是否做得到位，是一份非常重要的证据。鉴于这一点，在督导过程中需要有这样一份督导协议。

督导协议的形成也是一个过程，这个过程本身也有很多效果，可以帮助受督者学会如何助人的过程。协议修改的过程对于双方来讲也都是一种学习，可以让我们在督导工作中考虑得更周密一些，因此在一名助人者成长为督导师的过程中，要非常重视督导协议的签订这个环节。

## 第三节　制定督导协议的步骤

### 一、制定督导协议的步骤

#### （一）督导师要做好的事前准备

了解相关法律，伦理，职业规范；了解受督者的工作环境（包括求助者人群），起草协议大概条款等。

制定督导协议的主要责任在督导师，首先对《社会工作者职业道德指引》充分了解和理解，这是保护自己及行业的基本规范。还要对受督者的工作环境进行了解，是在社会工作机构中服务，还是在学校、在监狱或者医院中做社会工作者，不同的工作环境有不同的设置，每个单位有不同的规定，这些内容要充分了解，才能和受督者讨论一些关键的问题。比如司法社会工作中，社会工作者既要遵守保密原则，同时又要对法律规定的一些特定内容突破保密原则，督导师就要在协议中提前写到这些部分。

**（二）督导师要对自己的胜任力评估，并与受督者分享**

首先要分享督导师自己现在的理论倾向，自己在面对求助者的哪些问题时更有胜任力，面对哪些求助问题时会具有更大的挑战性，让受督者了解督导师的局限性。在这个讨论中会形成督导师如下的责任：如果发现有一些求助者的情形超越督导师的胜任力时，督导师有责任去寻求更高一级的督导师帮助。不能说“这个问题我不懂，下一个问题吧”。总之督导师要对自己有一个评估，不能害怕自己的不足，要真诚地面对自己的不足。

**（三）督导师主动邀请受督者合作完成协议的制定**

督导师要担当主要责任，但同时也要和受督者合作完成协议，通常情况下可以由督导师提前拿出一个协议初稿或大纲，请受督者提出对督导师的要求。比如，有的督导师要求受督者每次提供一个完整的工作录音，同时也邀请受督者对督导师提出要求，比如有的受督者可能会要求督导师的反馈不能挫败他的自尊心等。最后这个要求可以经过双方讨论之后变成“督导师尽量运用积极态度对受督者进行反馈”呈现在协议中，这就会成为对督导师的提醒和要求，可以提升督导师反馈的有效性。

**（四）对协议进行讨论、修改数次**

“督导双方可以在任何时候对协议书中的任何内容提出修改”有时候也可以成为协议书的一部分。小组受督者和个体受督者的情况完全不同。

**（五）签字时最好有目击者见证**

可以寻找工作中的其他人过来见证，同时见证者也在协议书上签上名字。如果是法律文件一般需要公证，如果不是法律文件，可以通过见证者签字来增加它的可靠性和正式性。

**（六）督导协议的操作化过程**

督导协议的操作化过程是指在督导工作中还需要进行复习和修订协议内容，假定督导最初设置的次数为 16 次，那么可以在中间第 8 次的时候进行一次复习和修订，讨论是否需要进行哪些修改，这也给了督导双方一个机会进行相互的反馈。有的时候可能需要不止一次地进行反馈和讨论，如果督导师发现受督者在某些方面没有做到位，这时候也需要拿出协议对受督者的行为进行评估，虽然很多时候督导师只是在工作结束后给出一个书面的评估报告，但实际上督导师对受督者的评估是应该一直在进行的，这次发现受督者做得好的地方和不好的地方，下次要及时反馈，才能让他不断提高，所以签订了协议是需要经常拿出来回顾的，而不是签订完就放置一旁置之不理。所以协议是临床工作中非常重要的工具。

## 二、制定督导协议示范

关于督导协议的讨论通常是在双方第一次见面的时候进行，第一次的设置就是要谈督导双方的期待、要求、目标、责任等，而不是直接讨论个案工作，讨论的内容往往不是全部都写进协议书中，有了这些条框，就为督导关系的建立奠定了非常好的基础，也是拉近督导双方距离的很好机会。现在为大家提供一个督导双方第一次会谈时制定督导协议的例子作为示范，让读者更感性地去理解这部分内容。

督导师：我很高兴你愿意来和我一起探讨，看看我是否适合做你的督导师，今天我们可以来聊一聊手上的提纲（督导师提前准备的一个督导协议提纲），讨论完之后希望我们两个可以制定一个督导协议，就是两个人今后一段时间的工作责任以及需要注意的地方。我想请你先讲讲你对我的要求，你希望我怎么样去做督导。

受督者：我也不清楚有什么特定的要求，只是我刚开始接待个案，经验非常不足，所以需要有一个人辅助我的工作，所以更多想请老师在我工作遇到困境的时候给我指明方向。我有的时候意识不到自己身上的问题，也希望老师能够反馈我自己的问题，需要您给我指出来，而不是一味地表扬我。有的时候还会遇到一些特殊的个案，我希望您能告诉我欠缺哪些能力，让自己更好地胜任这种类型的案例，总的目标就是通过督导提升自己的胜任力。

督导师：你讲到三个方面，第一方面让我去关注你的所有案主，我需要你每次需要督导的时候都把你的所有个案情况给我一个大概的口头报告，由于时间关系，我们每周只见一小时，所以会以其中的一个个案为主，我的责任是运用自己的临床知识和经验告诉你我所观察到的一些现象。第二方面你希望我能够对你的缺点有一些评估和反馈，我有责任对你作为一名社会工作者的能力和临床的表现进行评估，并及时给你反馈，而不是对你作为普通人的评估。最后督导结束时，我会对你的专业能力填写一份评估表，但是我作为督导师的责任远不只是最后的那份评估，而是即时性的全面的评估。第三方面你提到希望在督导期间能够获得胜任力的提升，我有责任对于这个部分给你提出相应的要求，有时可能是推荐你读一本书，有时候可能是要求你看某个视频，或者从不同的角度一起讨论某个案例的个案概念化。

受督者：刚才您讲到每次督导只有一个小时，只能报告一个案例，其他的只是作简要报告，但如果我每周有三个案例，我都觉得很困难，这时候该怎么办？

督导师：我们有的时候可能会说“今天那就把时间分给三个人”，为什么希望以一个案例为主，是因为我要求你事先把录音给我，我需要在督导前先听录音，讨论一个完整的个案主要是希望你学会个案工作的过程，出于工作者胜任力方面的考虑，并不意味着这一个案主比其他两个更值得你关注，你也可以决定这次关注案主 A，下次关注案主 B，也是可以换的，可以写在协议中：当个案中有紧急情况，或者有一些令受督者很担忧的情况下，督导工作如何开展。活动开展过程中，督导师不可能 24 小时接电话，工作时间内，受督者可以给督导师打电话询问，在工作时间之外，受督者可以根据工作机构的制度进行报告。每次的工作关于聚焦在几个案例上，双方会根据实际情况进行调节。但通常都是围绕一个案例深入探讨下去，而非简单听听案例汇报给出督导建议，这种工作方式对于学习做个案工作会更加有效，如果双方觉得有不合适的地方，还可以作出调整。

受督者：关于录音的问题，我会跟案主去解释为什么要录像或录音，但是有的案主就是不同意录像或录音，或者在工作过程中诉说的某一个部分内容不同意录像或录音，这种情况会对我们的督导工作有影响吗？督导是必须要录像或录音吗？

督导师：理想状态下当然是有录像或录音，你自己也可以再进行复习，有时候案主会有阻抗，不同意录，这取决于你如何向案主去解释，这也是一种说服的能力，案主不想录是有原因的，是值得我们尊重的，如果我们尊重他们的原因，尊重他们这个人，又能够最大限度帮助他解释清楚，根据我们的经验，大部分案主都会同意录音。如果你一开始就说：“我要录音，我的督导师要听。”换作我是案主，我也不同意，从伦理的角度，你需要告知案主你自己是新手社会工作者或者初级社会工作者，目前需要在督导下做个案工作，这个录音只有督导师有权利听到，并且会在多长时间内销毁，要讲清楚有了督导后你的工作会有什么收益，不仅是自己的学习，更重要的是对案主的帮助，这样去解释，同意录音的可能性会大于你的想象。

受督者：我在督导过程中有一个小要求，当您对我的表现不满意或生气的时候，我都希望您能如实地告诉我，因为我很担心您会顾及保护我的自尊而有所保留。

督导师：谢谢你能够开诚布公，其实我们都有很多自己的不足，比如我现在作为你的督导师，但是对于你的案主，我一定没有你了解得多，我说的话往往也是第三者的观察，比你当时做工作要容易得多，从和某一名案主工作的能力上来讲我未必比你强，但是我作为督导师，我的观察能力会比你好，因为我观察得多，经验丰富，但针对某一个案主的工作我真的不一定会比你做得更好。所以，我们双方也要都开诚布公，不需要焦虑，如果我们愿意的话，可以把这一条也写进督导协议中："以真诚的态度对待督导师和受督者的反馈。"

受督者：您对我有什么要求呢？

督导师：我已经把对你的要求列入责任中了。第一，需要你重新温习《社会工作者职业道德指引》，需要对里面的内容非常熟悉，这需要提前做。第二，你每次来督导的时候，需要准备好你自己的督导问题，你为什么要选择这个案例进行督导，案例的录音你自己听了之后有什么想法，把这些内容按照一个特定版本写出书面报告，我们会花一些时间进行个案概念化的工作，因为在干预上你可能有很多技能技巧，进行准确的概念化是正确使用技能的前提，所以你可以先提出一些概念化的想法，我们在督导的时候进行讨论。第三，我希望你能够对不同的干预和不同的理论倾向有一个开放的态度，我学习的时候是动力学出身，现在是整合型的。如果我们只是追求理论，而不关注助人效果，那是一种不负责任的职业态度。没有任何一个理论可以把案主的情境全部考虑进去，但并不是理论无用，我们助人者需要成为理论的使用者，而非理论的奴隶，所以我个人是整合型的，我要求你对此持开放态度。假如你的理论倾向和我不一致，我对你的理论倾向也会持开放态度。

受督者：在督导过程中，如果有什么问题是不是可以再提出来？

督导师：可以，我们在协议最后一条写上"我们双方可以在任何时候提出修改协议"，这个协议是我们双方的，我们都有遵循、更新和修改的责任，如果看到有需要修改的地方，都有必要提出来进行修订。

受督者：就是刚才提到的那一点，我们都要以真诚的态度对双方作出反馈。

督导师：督和导都有很浓厚的师长意味在其中，但督导双方还是同行的关系，我们的目标都是要更好地帮助案主，其实我们的目标是一致的。所以在这个过程中，我们不应该把自我看得那么重要，而是把案主的需要放在首位，彼此信任就好了。

## 小　结

本章主要介绍了在督导实务过程中督导协议的制定目的、形式、内容以及制定的步骤，并且在最后一部分采用督导师和受督者对话的形式，向读者呈现了督导双方如何在第一次督导会谈中商讨督导的目的、结构、双方责权利以及特殊约定的内容，帮助读者在实践中重视并真正学会签订督导协议。

# 第六章　督导过程

## 第一节　督导的核心目标

### 一、长期目标与短期目标

陈锦堂提出督导的目标分为短期目标和长期目标。

短期目标从三个功能的教育来论述，包括：

教育的目标：为了改善社会工作者的能力，以便更有效率地完成工作和帮助社会工作者得到专业的成长和发展；并且使得他们的知识和技巧得到最大的发展，以至于可以达到自主地、独立地完成工作。

行政的目标：为社会工作者提供一个可以让他高效能地完成工作的环境。

支持的目标：帮助社会工作者，让他们对工作感到愉快。

督导的长期目标是有效且高效能地为服务对象提供特定机构授权的特别服务（陈锦堂，2012）。

### 二、督导的主要目的

大多数人认为督导有两个方面的主要目的。第一方面的目的也是最重要的目的，就是确保求助者的福祉。这的确是一个很强的伦理责任，我们必须确保无论在什么时候督导师都会保护求助者以及公众。实现这个目标有两条途径：一是通过对受督者带来的个案、小组或社区活动等工作内容进行监测并向受督者反馈，在美国的督导是结构化的，要求受督者遵循督导师所说的，所以督导师可能会要求受督者必须做某些事情，并且必须照做，在中国的督导师目前还没有这么大的权力，最重要的是我们必须意识到要为受督者提供反馈，会帮助他们变得更有效能。二是通过督导师扮演专业守门人这一角色来保护求助者的福祉，在美国受督者不能独立执业，必须有督导师给予正式的许可之后才可以独立执业，督导师就像是专业守门人，想象这扇门会打开或者关闭，督导师的角色就是要把控谁能通过这扇门获得从业资格，成为专业人员，大多数人都可以通过认证，但是我们要对公众负责，很多人是这样做的，也是这样想的，要确保只有真正有资格的人才能成为社工/助人者进行从业，所以从这一点来说，督导师成了保护公众的守门人。因此，尽管有些人非常聪明，了解所有关于助人工作的研究，但是他们在人际关系方面存在困难，也不应该被准许进入临床社会工作/治疗的实践，这是关键，督导师有责任进行把关并时刻把这份责任牢记在心。在中国，督导师能否拥有“专业守门人”的权力，将取决于今后社会工作督导制度的制定。

督导的第二方面的目的是培养受督者的专业发展，这是双重目标中的一个大目标，但是当两个目标出现冲突的时候，要优先保护求助者。社工的专业发展是持续终身的，督导能够为任何人的职业生涯的任何节点提供帮助，不只是对初学者，对资深社会工作者一样有用。督导还有不同的维度，督导师对初学者和资深的社会工作者会使用不同工作手法，例如新手社工想知道要做什么，会期望督导师“告诉我需要做什么吧”，他们特别渴望想要“做正确”，而相对资深的社工则会提出更有反思性的问题，不太担心做什么的问题。事实上最终还要帮助受督者拥有自我督导的能力，也就是说他们应该有能力审视自己的工作，思考自己的工作，并且认识到自己哪里做得好，哪里还有待提高等，这个终极目标叫作元胜任力。Carol Falender 教授讲过元胜任力指能认识到自己知道什么不知道什么的能力，也就是自知。因此，对于比较资深的社会工作者来讲，专业能力的提升应该是督导聚焦的关键。社会工作者/助人者往往很快就达到自己的平台期，往往在受训的前两年，社会工作者已经非常有胜任力了，但因为平台期，对大多数社工在两年后并没有变得更好，尽管他们认为自己在变得更好，但实际上并没有。帮助他们度过平台期，真正成为一名更好的助人者，这正是督导师对高年级受督者的作用。

督导的第三方面的目的是对工作者提供的情感支持。社会工作者可以将督导当作一个安全的、反思的空间，治疗能够提供能量，但也会导致精力耗竭，尤其是接待有创伤的求助者时常常会觉得情绪耗竭，所以拥有一名督导师非常重要。社会工作者可以在督导中处理自己的情绪体验并获得支持，这在专业发展功能上有所不同，确切来讲，督导为所有的同行提供保护性的支持功能。

有的时候督导还能达到另外一个目的：补救。在美国一名有从业执照的临床社工遇到影响工作的个人问题，或者他们的行为违背了伦理规范，从业执照委员会就会要求他们去接受一定小时数的督导，所以接受督导在少数情况下还可以起到补救错误的目的。

## 第二节　督导的内容

### 一、按对象区分的督导内容

因为每个社会工作者的工作年限和实际能力都有所差别，所以中国台湾地区的督导师会根据社会工作者的工作年限，将督导工作分成三部分来进行。

**（一）新进工作者**

对于资历较浅、刚进入机构的社会工作者，督导工作侧重组织背景、使命、规划、目标和机构相关制度的学习，让他们在工作初级阶段学习一些沟通技巧，以及如何确保自身的人身安全，家访、个案文书撰写要求，个案记录技巧等知识。督导师在督导初期还会对社会工作者进行简单的测验，看看社会工作者到底掌握了多少知识；其后会要求社会工作者跟着督导出去接个案，让其在一旁学习督导技巧。

最后会让社会工作者开启专业工作，督导跟着社会工作者，并对其进行考核，在确认社会工作者真正可以上岗后，才会放手让其独自开展专业活动。这其中，对于社会工作者专业伦理价值的培养最为重要。

**（二）有经验的工作者**

对于有工作经验的社会工作者，督导工作则主要侧重于对专业技巧、行为规范、伦理、多元人口差异、反应能力、事件发展脉络等的掌握。这一阶段相对于初级阶段的督导任务，专业层次更高了，督导师会要求社会工作者进行自主探索、自我成长，并且依据自己的特长找到擅长的领域和工作重点，在某个领域进行深入的学习和探索，为后续的项目服务和项目策划打好基础。

#### （三）资深工作者

对于有资深经验的社会工作者，督导工作则更多的是让其接受项目管理、运作和开发方面的培训。这个阶段的社会工作者已经具备了深厚的实务功底、一定的管理能力、开展服务的全局观念和缜密的思维，因此，督导师会更多地让其自主进行项目策划、开发和管理工作，让其独自负责一个项目的运营。

### 二、按功能区分的督导内容

#### （一）技巧方面的教育性督导内容

教育性的督导功能作为督导的第一大功能，在督导的过程中也占据很大一部分影响，督导的教育性功能主要体现在对具体问题的解决，具体说来就是督导师针对一线社会工作者在开展服务、项目过程中遇到的具体问题进行答疑解惑、提供建议、指导等。

#### （二）行政性的督导内容

行政性督导也是督导师涉及比较多的部分，一方面行政性的督导涉及机构和项目的进程等，另一方面，行政性督导的主体也呈现多元化特点，这部分督导的责任有的机构由外聘督导师或专职督导师承担，也有的机构由负责人或总干事进行承担。可见，督导过程中的行政督导内容主要有两大部分，一是与机构自身开展的项目相关的项目规划设计，二是针对机构以及开展项目过程中所涉及的关系进行处理。

#### （三）支持性的督导内容

督导对于一线社会工作者来说不仅是传输知识、技巧，进行指导，督导的支持性功能虽然隐性，但非常重要。督导的支持性也是正式以及非正式督导过程中经常涉及的内容。支持性督导并不是单独拿出来进行督导的，而都是穿插在督导过程中的，它是督导师对受督者情绪问题的及时反馈。支持性的督导内容也成为机构社会工作者获得支持的一个主要来源。

### 三、督导内容的其他论述

沈黎（2007）的研究中发现，目前的社会工作督导实务中具体内容主要包括四个方面，即实务指导与专业提升、情绪疏导及情感支持、方案设计及服务反思、行政管理及工作审批。

实务指导与专业提升涉及实务工作的具体开展、专业知识的传授、工作经验的传递以及专业价值观的建立等各方面。

情绪疏导及情感支持，最常见的是协助社会工作者进行负面情绪的宣泄，以及在社会工作者遇到挫折时，给予支持和肯定。

方案设计及服务反思，指受督者在自己日常工作中，经常会得到督导师在方案设计方面的指导和建议，并在提供服务之后，对自己的工作进行反思。

行政管理及工作审批，有部分督导师会开展行政管理以及工作审批方面的工作，包括日常的人事考勤、绩效考核等。

佃乾乾（2018）督导指出与社会工作者进行面谈的内容主要有以下几个方面：

第一，服务方面：服务的计划、进度及检讨（如年度规划及检视、个案工作、小组工作、项目发展、社区发展、活动、探访等）。

第二，行政管理：制度指引（如入职指引、离职指引、工作制度等）、工作量检视、行政交代、绩效评核等。

第三，专业成长：个人专业成长计划及总结、专业学习或培训的经验反省、职业发展等。

第四，工作分享：工作反思及感受、团队合作、人际关系、对外合作关系等。

第五，其他方面：制定及检视督导程序、特别行政面谈（如工作态度不端正或违背伦理操守）等。

博丁提出督导的几项任务：

（1）受督者准备一份口头的或者书面的服务报告，督导师可以提供反馈。

（2）督导师通过客观地观察服务过程，由受督者提供誊录撰写的工作过程或者直接观看录像，这样做的好处是督导师工作过程中选择的内容较少受到受督者的主观选择影响。

（3）督导师允许受督者提出特别的问题直接在督导过程中探讨。另一种方法可以直接提问受督者希望得到什么，如："今天你希望在哪些方面工作？"

有的受督者提出录音或录像特别困难，督导师是否能够认可这种现状，如果督导师认为你不能提供录音或者录像，我们就不能开展督导工作，这就是工作任务没有达成共识。

## 四、督导中的情感理解

除了以上的督导内容外，以往的研究中发现社会工作者的“情绪智力”对于他们的胜任力至关重要，因此本部分内容特意把“处理受督者在工作中的情绪反应”和“对受督者进行情感理解”作为一个特别的督导内容来论述。

Ingram（2012）的核心观点是：情绪上的协调和同感是社工与案主建立一种开放、信任关系的基础，这也被服务对象认为是社工必须应该具备的素质（Harding，Beresford，1996）。

社会工作者所作的决定与所习得的情绪有关，而这种情绪是处理复杂信息和情景的先决条件，这也是社会工作者的必备条件。这种情绪信息的流动被认为是社会工作者应该具备的极为重要和极具价值的素质（Munro，2011）。Morrison（2007）认为我们的情绪来源于实务中我们对情境的评估。因此，情绪回应的本身就是一个思维过程。简言之，情绪的使用能够澄清判断而非混淆判断。如果社会工作者认为，他们的服务对象将同感和真诚作为衡量其工作的关键因素，那么社会工作者也会开始使用积极的情绪开展工作。

我们应将情绪智力纳入社会工作的实务和决策中，并探索社会工作实务过程中无意识的情绪驱动与回应。督导是社会工作者的一项重要支持，督导为社会工作者提供了一个平台，在这个平台上，社会工作者可以与其他同事（通常是一名资深同事）共同反思其实务的过程。England（1986）强调了督导的重要性，他认为社会工作者应该深入分析其实务过程，并清楚其自身的感觉与他人的感觉，这个督导的过程与情绪理解有关，并且应将其置于督导关系中进行考虑。因此，在社会工作督导中，督导师对受督者进行情感理解也是督导内容非常重要的一部分。

Hawkins 和 Shohet 描述了社会工作督导关系中的情绪因素：督导师的角色不仅仅是为社会工作者排忧解难，更是通过督导关系而为社会工作者提供一个安全的环境，使社会工作者可以表达他们的情绪顾虑，并从中学习。督导可以使社会工作者在实务工作结束后进行反思，以致不让其所有的情绪反应内化，这是非常重要的。研究发现，督导的作用不仅仅是治疗和支持，还是一个让社工讨论实务中的情绪反应的平台。

Jindal-Snape 和 Ingram（2012）为国际博士生建立了一个督导模式，使督导双方能够澄清预期督导关系的平衡和性质，进而对其进行调整和修改。

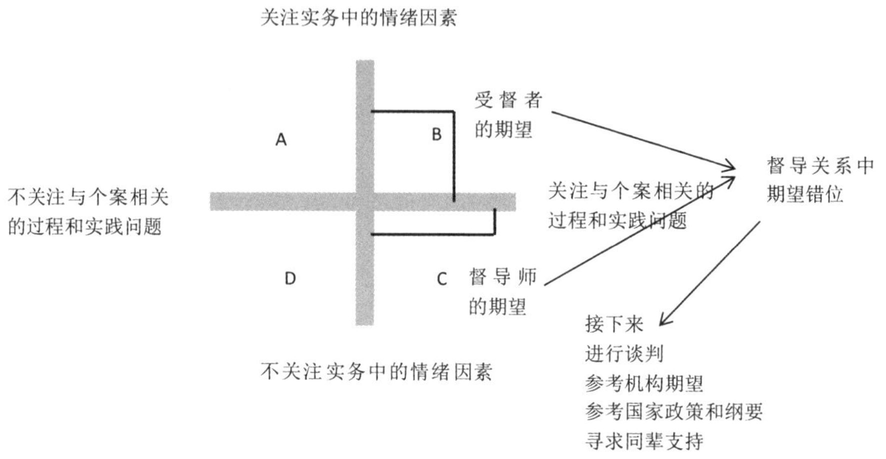


**图 6-1　督导师与受督者期望错位模型**

图 6-1 通过督导师与受督者在期望上的不同可以清楚地看出，受督者寻求情绪和心理因素的整合，而督导师更倾向于实践因素，督导师情绪方面的缺乏不及他们对实践元素的热情。它生动地反映了情绪因素在社会工作实践和督导中的复杂地位。如果我们认为情绪与社会工作决策有着不可分割的联系，那么在督导工作中，力图把社会工作实务中的情绪因素放在督导的核心位置，督导师给受督者一个接纳、尊重、不批判的安全空间，和他们去洞察、探讨和反思社会工作者在实务过程中的情绪因素，并给予情绪理解，而不是让情绪被边缘化，这样会对受督者的专业能力提升以及反思性实践能力的提升非常有帮助。

## 五、选择督导问题的原则

目前市场对督导的需要非常大，但实际上合格的督导师很少，问题多人手少，当督导师面对一个受督者，而受督者可能面对多个求助者，这个时候督导师如何选择工作的聚焦点，美国有一些做法，用设置做很多事情，比如一旦发现自杀危机干预则会启动一系列的程序，但是目前我国比较缺乏这部分设置，就会对督导师多一些要求，要求督导师有更多的理论和选择，督导中通常可以依据以下原则来选择督导问题。

第一，危机干预要有优先权。在任何情况下，任何时候，一旦受督者的工作对象中出现危机的情况，都需要在第一时间拿来在督导中进行讨论。

第二，在确定选择哪个问题作为讨论焦点时，需要充分利用受督者，不要变成完全由督导师自己决定的事情，要充分发掘受督者自己的资源。充分利用是指尊重受督者的需要，他认为最棘手的最需要讨论的问题优先拿到督导中讨论。

第三，不要被问题埋没，否则会迷失工作方向，被问题牵着鼻子走。可以梳理一下问题，问题分为几大类，分别需要什么样的关怀，哪些问题是督导师能帮助解决的，哪些问题是受督者自己能解决的，哪些是求助者自己有资源解决的，他解决这些问题时缺乏什么，这些是督导师要去做的。当面对问题的时候，督导师作为助人者的能力就会完全显现出来，这就是为什么一名督导师首先要是一名好的助人者。做督导师更不能让问题埋没，因为会影响到助人者和求助者两个人，所以不能让问题牵着鼻子走。督导师要做一个问题归纳、问题梳理、找到解决问题根本方法的人，在这个过程中，受督者也会感觉信心增强，而不是被问题覆盖。

助人者被问题埋没的时候，督导师需要站到问题上面去高屋建瓴，而不能也被问题埋没，让受督者看到自己的局限，被问题埋没往往是因为受督者没有看到问题的另一面。

## 第三节　督导的形式与过程

### 一、社工督导的形式

#### （一）从工作背景区分

从督导工作的实际背景来看，督导工作常以下面四种形式出现。

（1）社会工作专业学生培养方案均有一定时数的实习，学生实习过程中均设有学校督导老师和机构督导老师，实习期间需要被督导。

（2）对特定社会工作者群体的持续性顾问，比如，督导师可能被某个社会工作机构聘请作为督导长期工作。

（3）与社会工作者/助人者签订协议的督导，比如想要发展临床胜任力的某名社会工作者想要变得更优秀，学习更多的东西，在与督导师签订合同期间会定期寻找督导。目前因为国内社会工作者专业晋升制度不完善，对专业人员接受督导的要求也不完善，社会工作队伍整体流动性较大，所以社工个人主动寻求督导的情况在国内还不算普遍。

（4）一次性的督导活动，也是目前我们经常发生的一种情况，比如督导那一天会有很多人到场接受督导，其中一名社会工作者提供一个被督导的内容，供督导师和同行一起工作，这是一次性的活动。

### （二）从组织形式划分

乔世东指出社会福利机构对社会工作人员专业督导的方式，传统上是以个别督导为主，后来逐渐发展为团体督导，最近则增加了同辈团体督导、个案咨询、科技整合团队督导等方式（乔世东，2007）。其中的个案咨询其实也是个别督导的形式，只是督导师行使的是教育功能，科技整合团体督导是指同一个案例由精神科、心理咨询及社会工作三个不同专业的人形成团队进行会诊，严格意义上来讲这不是一种督导，而是一种工作机制。

沈黎、王安琪在2013年的研究中对于督导方式的分类包括：个别、团体和同辈督导，还出现了日志回复与实务参与等督导方式。

总起来讲，督导的组织形式有两种，一种是一对一的个别督导，日记回复或实时参与受督者的实务活动，也可以归结为一对一的督导，只是沟通方式或工作地点不同，有语言沟通，有网络沟通，有现场工作，有幕后工作。另一种是团体督导，也就是一对多的形式，根据人员组成的不同，团体督导的形式中有督导师带领的，也有同辈群体相互督导的。

## 二、社会工作督导过程

从督导与被督导的相互影响的过程看，督导过程可分为四个阶段：督导前期、建立关系期、工作期和终结期。

### （一）督导前期

督导前期是督导师与受督者建立关系的基础期，这一时期最重要的任务是相互熟悉。在这个阶段，督导双方需要充分了解对方的专业背景、实践经历、理论取向等内容，受督者需要通过了解督导师来选择和判断对方是否符合自己的期待，督导师需要通过了解受督者来判断对方和自己的工作风格是否匹配。经过前期的了解后，双方凭借经验确定可以接受对方，就要约定第一次督导会谈。

**（二）建立关系期**

这个时期通常是督导双方的第一次或前两次会谈，其重要任务是当面进一步确认督导前期获得的对方信息，督导师了解受督者的期望，双方决定正式建立督导关系，确定督导形式、内容、时间、频率、目标等，并商讨双方同意的督导协议条款，并在第三方的见证下签订督导协议。

**（三）工作期**

工作期是督导历程的最重要阶段，在这一期间督导师要与受督者分享实践经验与感受、解疑释惑、指导工作、促进其发展，支持受督者做好服务。

**（四）终结期**

督导历程结束时，督导应总结督导过程中各个阶段所讨论过的事情，并综述受督者的学习过程和成长机遇，回顾受督者的长处和弱点，帮助受督者更加清醒地把握自我，加强自我改进。

## 第四节　督导的工作技巧

### 一、建立关系的技巧

**（一）建立关系的技巧**

督导师在每次督导中都要用一定的时间了解和关注受督者的处境，并表示关心。相互契合的重点在于寻求问题和面对要处理的问题，而不是用感情淡化困难，甚至拒绝面对困难。无论什么类型的问题，督导师都要勇敢地和受督者共同面对问题，商量解决的办法，只有公开、理性地讨论问题，沟通才能有效果，督导师和受督者也因此才能建立彼此信赖的关系。

**（二）准备的技巧**

精心的准备是成功的前提。在面谈准备阶段：

一是要确定双方进行面谈的场所。选择安全、舒适、封闭的场地为佳，这样的环境有利于营造良好的谈话氛围。

二是做好议题收集及资料准备。邀请社会工作者提前告知本次面谈期望的议题，并提供议题所涉及的材料。如果社会工作者提交的议题很宽泛，督导师则需对议题进行聚焦。聚焦议题最好的方法是请社会工作者提供目前跟进的实务工作或详细事件，如此有利于督导师根据具体的内容进行准备，避免在面谈时双方泛泛而谈，没有重点。

三是正式制定议题。制定议题可包含两个范畴，一个是社工期望面谈的议题，另一个是督导师期望面谈的议题。督导师在制定议题时根据这两个部分来考虑，并在心中有大致的排序。

四是提前告知议题。确定议题后，督导师提前告知社工本次面谈的几项议题。这样，双方能同时进行准备。

#### （三）寒暄的技巧

进入面谈阶段，督导师可与社会工作者先简单寒暄，作为开场热身。此项不是每次面谈必需的，但是在关系建立初期是很有必要的。寒暄的内容可以是社会工作者最近的工作情况，时间以 5 分钟之内为宜。之后开始正式面谈，先回顾上次面谈结束后的跟进情况，再进行今天的议题。随后，说明今天的流程安排，有哪些议题，以及了解社会工作者期望今天面谈可以达到的目标是什么。根据相关的议题排序进行今天的面谈，督导师应控制好整场面谈的时间和完成效率。最后，让社会工作者总结本次面谈的内容及跟进事项，并完成督导记录（佃乾乾，2018）。

### 二、面谈技巧

督导面谈技巧是新晋督导师最关注的部分，有关社会工作督导的书籍或课程对面谈技巧的分类各不相同。

#### （一）聆听

督导师有效的聆听，能更好地与社会工作者建立信任关系，并为后续的发问和回应做好准备。聆听是发问和回应的第一步，在聆听前社工需要自我提醒来达到聆听的实际效果，以下提供 10 条内容作为参考。

（1）在你说话之前，你能让别人把话说完。

（2）如果说话的人犹豫不决，你会鼓励他把话说完，而不是直接回应他的话。

（3）当别人把话说完之前，能保持自己不做判断。

（4）你能听完别人所说的话，即使他说的一切你已经了如指掌。

（5）即使你不喜欢正在说话的人，你也能客观地听他把话说完。

（6）你在聆听时，能放下手中一切活动，专心聆听。

（7）你能在聆听时与说话者有适当的目光交流等非言语信号来表示你正在聆听。

（8）你能认真聆听而不去注意说话人的说话方式（如口音、语法、选词）。

（9）你要求说话人把他的观点说得更清楚。

（10）你会把说话人的观点复述一遍，确认自己的理解正确。

在聆听社会工作者说话时，督导师应该听什么呢？一般来说，我们可以从事情、行为、想法、感受来聆听。事情即发生了什么事情；行为即社会工作者做了什么或没做什么；想法即社会工作者在想什么，关注点是什么；感受即事情引发了社会工作者什么感觉，是委屈、生气、无助、开心还是其他，如果社会工作者在表达时情绪比较激动，那么督导师可以据此判断出此时需要先处理社会工作者的情绪。

**（二）发问**

督导师有效的发问，能帮助社会工作者思考，从而找到自己的答案。一般来说，常用的问题类型大致包含以下六类。

（1）事实性问题：指针对具体的事件、发生的情况进行的发问，如“下个月的活动筹备情况如何了？”

（2）解释性问题：指针对已经发生的，但中间看不到详细情况，需要社会工作者进行阐述的发问，如“你执行的这个项目中的具体内容是怎样配合到项目的目标的？”

（3）选择性问题：指提出几个选择性的发问，如“你认为案主目前感觉最困难的是家庭关系的问题，还是经济纠纷的问题？”

（4）假设性问题：指针对还未发生的，看不到详细情况，需要社会工作者进行设想的发问，如“如果我们想加深服务对象对社工中心的了解，我们能做些什么？”

（5）引导性问题：指我们已经知道答案的，只是想让对方去印证的发问，如“我觉得你现在情绪有些激动，你觉得呢？”

（6）总结性问题：指引对方进行归纳总结的发问，如“根据之前的讨论，你下一步应该做什么？”

此外，发问的次序也很有学问。来自教练学的 GROW 模型提供了答案。它给出发问的次序可遵循“目标—现实—选择—最终行动”来进行。

目标（Goal）：即通过一系列启发式的问题协助社工设定目标。发问的句子如“你想在这次讨论中达到什么目标？如果只可以选一个目标，你会选哪个？这对你来说是否真的有价值？”

现实（Reality）：即围绕目标了解已发生的事实，包括具体发生了什么事件，围绕事件社会工作者做了哪些工作等，发现更多的可能性。发问的句子如“现在的情况怎么样？现在的现实情况是什么：什么事，什么时候，在哪里，有多少，频率，和谁相关等。你如何知道那是准确的？对你有什么影响？到目前为止你是怎么处理的，结果如何？”

选择（Option）：即引导社工探索更多的方案选择，从而找到最佳选择。发问的句子如“要解决这个问题，你有哪些办法？有什么选择？这样做的好处和坏处是什么？哪一个是你较感兴趣的？为什么？”

最终行动（Wrap-up）：协助社会工作者找出可能出现的障碍，把工作具体化，落实行动和提供所需支持。发问的句子如“这可以在多大程度上达到你的目标？如果不能达到，那么还缺少什么？你将会在什么时候开始并结束每项行动或步骤？可能会有什么障碍？你需要什么支持？如何可以获得？”

**（三）回应**

督导师有效的回应，能让社会工作者感受到被支持，并更清楚工作的努力方向。可以遵循及时回应、客观表述、重视改善、重视情绪或意见四个原则。同时，回应也有特定的技巧。

（1）同理心回应。同理心回应是社会工作开展个案的基本技巧，用在督导工作中同样合适。

（2）正面回应。表扬社会工作者的工作价值，具体说明工作的重要及贡献，感谢社会工作者付出的努力。

（3）纠正回应。客观描述，说明不能接受的行为，解释原因及影响，说明期望的改善，知会后果（佃乾乾，2018）。

## 三、区分反应性行为与反移情

我们每个人都会对不同的事物有个人化的反应。我们知道受督者也一样有情绪，有时，比如说，当他们听到一些创伤性的叙述时，他们可能感觉到非常悲伤或者很受打击，或者他们可能由此想到一些遗忘了很久的个人经历，这些都是临床过程当中非常重要的部分。

我们需要区分两个不同的要素，即反应性行为和反移情。反应性行为就是作为临床工作者，受督者和督导师都应该能够同理，我们需要同理地参与求助者的工作中，我们应该高度同理。所以，让我们听到求助者给我们讲述他们生命经验中特别悲伤的故事时，我们会为他们感到难过，我们跟他们在一起，我们理解他们，同理他们，知道他们现在的状况真的很悲伤。有时候，我们听到一些比如儿童虐待之类的故事甚至会有眼泪流下来。但是，我们需要区分反应性行为与反移情，当反应性行为变成了反移情的时候，临床工作者就会把求助者的问题当成自己的，就像我提到的，这就意味着当求助者做了一些自我表露时，这些自我表露一下子唤起了临床工作者自己的经历，然后助人者就开始把焦点转移到自己身上，接下来他们就开始思考自己生命里面发生的事情，就不再跟求助者保持“连接”了，也就没法在这个房间里，与求助者在情绪水平上保持“在场”。当受督者体验到反移情反应时，督导师能够让他们开始控制自己的反移情就很重要了，因为反移情对个案或小组工作而言，可能是一个非常严重的导致问题的原因。而且，我们都会把我们自己的价值观经验等带入临床工作，因此，督导的一部分工作就是讨论我们对于个案的假设，有时候那些假设更多是基于我们自己的经验，而非求助者的叙述。我们需要把这些区分开来。有时候甚至会出现平行过程，求助者到受督者，助人者到督导师，比如，有一次受督者感觉很没有耐心而且生求助者的气，尽管受督者已经尽了最大努力，也觉得做得很好了，但是求助者就是没有进步，当我们再去看看我们的督导会谈的时候，就会发现督导师正在生受督者的气，因为督导师觉得受督者做得不够好，这很容易使督导师的介入变得过于严厉，当我们去观察这个过程时，我们可以看到三个不同的层级，助人者与求助者，助人者和督导师之间的反应性体现在这三个层级里面，所以对自己跟受督者一起工作时的情绪保持自我觉察是非常重要的。我们要说出这些感受，而且也要说出来受督者对求助者的感受，以及受督者对自己的生命经验的感受。

### 四、反馈的技巧：锚定在一个具体行为上，注重胜任力提升

反馈这件事在中国文化背景下有不协调的一方面，有时候给受督者一

个矫正性的反馈是很困难的。但我们相信，如果把反馈的对象锚定在一个具体行为上面，反馈就会变得容易很多。尤其聚焦在受督者自己提出的督导目标上面，比如，假设督导双方的目标是与聚焦在“反思性实践”这一指标相关，我们正在反思“描述他人时如何体验自我”，想想这一点会如何影响到受督者的求助者，我们就会这样反馈：看起来他（求助者）把你（受督者）当成了权威，他想要你的指导，想让你告诉他怎么做。而受督者想要逃离这个状况，受督者想要与求助者互动，能够对求助者进行反应，我们要与受督者一起工作以达到他们的目标，跟他们一起解决问题，还有陪他们角色扮演，解释为什么不能永远是专家，他们可以用更加反应性的方式问求助者，“ 你对这些反应有什么感觉”“这样可能存在什么风险”“你要怎么继续进行”，而不是告诉你的受督者应该做什么。

## 第五节　督导的有效成分

### 一、督导协议

督导协议简单来说就是督导师和受督者之间关于目标的协议，包括可以一起做什么，想完成什么，如何评价受督者，督导师和受督者之间的责任，以及见面的频率等。第一次见面时需要讨论这些内容，讨论期望等，我们这里说的“协议”并不是一个法律意义上的协议，尽管也包括一些法律意义上的元素，但更多的是讨论关系，彼此想让对方做什么等，因此建立期望是非常重要的，这样督导师就能够对自己的要求更确定一些。有一些研究是关于受督者在督导中受到伤害的，也就是接受督导在他们的心理层面造成了伤害，并且一些研究揭示的情境是督导师不清楚受督者的期望是什么，比如有的受督者期望督导师能够保证他们能靠谱地完成他们的咨询等。所以，在第一次督导见面时达成一致的协议非常重要。有一位学者研究了有害的和不胜任的督导师，列出了督导需要的最低配置清单，其中一个条件就是要达成督导协议。

### 二、督导同盟

在督导中，受督者的学习依赖于督导关系。在助人工作中，同盟是预测效果的唯一、最重要的成分，我们知道在第三次心理咨询会谈中，求助者与社会工作者之间的同盟质量能够可靠预测助人工作的有效程度，督导不是这样的，督导同盟不是治疗性的，它不是一个真正的治疗部分，但是关系实际上是督导双方的黏合剂，所以同样很重要。Bordin 是一位很有影响力的学者，他有一些关于督导同盟的论述，他指出督导同盟包括三个部分：任务一致、目标一致、情感联结。我们可以清楚地了解如果一方对另一方有不同的理解，那么互相协商就很重要，督导双方有不同理解往往是关系出现麻烦的基础，因此也再次强调上述的协议非常重要，督导双方能够为这项任务做些什么，想要达到的目标是什么，共同努力以达到目标、完成任务充分体现了两人之间的同盟，这就是关系的部分，所以同盟需要明确统一的目标，在敏感的关系中共同发展，这就是同盟以及各成分的含义。

关于督导同盟效果的研究表明，同盟有以下影响：

关系到督导效果：受督者向督导师暴露的意愿以及受督者对督导的满意度，都会影响到受督者评价的督导效果。

关系到助人效果：受督者与求助者的同盟质量；受督者对服务方案的遵循度。

影响受督者：减少耗竭；提高幸福感和工作满意度。

紧密的督导同盟会提高受督者向督导师暴露的意愿，受督者倾向于对督导师回忆自然发生的信息，在不好的督导同盟中，受督者不会将生活中发生的所有都告诉督导师，还有一些个人隐私，受督者可能会隐瞒他们是如何处理求助者问题的信息，因此督导同盟的质量往往会影响受督者在多大程度上暴露这些重要信息，它会影响受督者对督导的满意度，而且还会影响受督者和求助者之间的同盟质量，这就是模仿的效果，因此督导师与受督者之间的同盟越好，受督者与求助者之间的同盟也会越好。督导还具有修复功能，督导关系具有支持性，好的督导关系可以让受督者减少职业枯竭状态，提高工作满意度，所以有一个高质量的督导同盟真的很重要。

好像督导同盟是很稳定的，督导双方的任务、目标以及对关系的看法都是一致的，但事实上它不是静态的，是会变化的，当人们在关系中体验了不同的意义和变化，可能会出现张力，甚至会破裂。实际上我们与任何个体的关系都会出现冲突，我们在任何关系中都会有不同的需要，有时彼此可能会出现冲突行为。事实上，冲突本身不是问题，反而可能是一个增进关系的机会，问题在于冲突或关系的破裂有没有得到解决。后面我们会有专门的章节介绍督导同盟如何得到受督者的准许，从而在督导关系中对冲突进行互动，所以督导的一个重要议题是：因为督导是一种等级关系，督导师拥有更大的权力，他可能并没有意识到正在发生冲突，但是受督者或许已经感受到了隔绝，这样，督导师就要允许受督者带着困难而来，然后你俩针对某件事讨论。另一种是当这种情况确实发生时要尊重并倾听受督者，并承担起你在关系问题中需要承担的责任，这对维持督导同盟是一个非常重要的问题。

## 三、模仿对受督者的作用

督导中第三个有效成分是模仿，它可以解释我们如何通过观察他人来学习。真正发现这一现象的是心理学家班杜拉，他提出了社会学习理论，人们通过替代和模仿他人来学习。在20世纪60年代初开展了一项经典研究，让小孩观看一名成年人击打玩偶，然后他们让小孩待在有单向玻璃的房间，看过成年人击打玩偶的小孩会撞击玩偶，他们的行为充满了攻击性，而那些没有观看击打玩偶的小孩则对玩偶没有任何攻击，尽管这是一个攻击性的研究，但事实上我们会通过模仿他人来学习，任何领域都是如此。这项经典研究引起了很多思考：我们是如何选择模仿他人及他人生活的，我们倾向于率先模仿那些拥有威望权力、有胜任力的人等，这对督导是一个非常好的例子。督导师拥有威望、权力和胜任力，受督者倾向于像督导师一样，向他们学习，而且督导师倾向于通过例子来教授，督导师有意识地知道自己到底在试图表现什么、如何看待求助者的等，所以当受督者带着个案请求督导时，督导师会向受督者谈论自己如何看待这一个案，此时受督者就在学习，这可能经过了深思熟虑，是有意的。同样，当我们认真思考的时候，受督者一直在观察和学习，后面我们也有章节会谈到督导的伦理问题，如果督导师没有表现出专业性并符合伦理，而受督者就在观察和学习效仿，所以非常重要的一点是，督导师要时刻意识到自己的行为表现如何，以及受督者是如何学习的。另一部分是有意模仿，督导师会向受督者展示自己是如何工作的，应该抽出时间来演示自己如何和求助者一起工作，如何思考求助者。

一些研究表明，受督者往往会接受跟督导师一样的理论取向，这也是示范的一种结果。另一个很有趣的现象是，受督者倾向于将他们的督导师内化，受督者在生活中有一种经验：“如果是他们面对我现在的情况，他们会怎么做?”会有一些可以模仿的人浮现出来，所以在 Ronnestad 和 Skovholt 一项 15 年前的督导研究中，向受督者询问他们的督导体验，其中一名受督者谈到 20 年前的督导师，他说：“我的脑海中一直回绕着单词、短语、引语，我时不时地往回拉，有时候我会问自己，John 会如何应对这一处境。”显然，受督者和督导师待在一起，总会有一个内化的榜样。Geller Farber 和 Schaeffer 在 2010 年发表的一项研究中证实了这确实是一件极其普遍的事，在那种情况下，所有的受督者多少都会这么做，比如受督者报告说他们的督导师是如何面对求助者的，或者如何开始处理痛苦的事情，或者他们内化了督导师如何制定口头干预，或者他们如何解决反移情问题，所以模仿是很重要的。

## 四、反馈的作用

反馈即关于受督者做得怎么样以及渴望做得怎么样的信息，就是我们正在做的和应该做的之间存在的差异，这是关于效果差异的反馈信息，这就是我们学习的方式，学习任何事物的方式。

### （一）反馈有两个基本信息成分

关于做什么和如何做的信息：回答了受督者“我要往哪儿走”的问题。

关于个体的表现和预期标准之间差异的评价性信息：回答了受督者“我该如何走”的问题。

### （二）反馈的步骤

第一步：获得受督者工作情况的相关信息。

这对于督导师来讲是非常重要的因素。

举例：假如家人需要做手术，医院让你在两位外科医生中选择一位，一位医生在以往的手术中从来没有被经验丰富的医生直接观察过，他做完手术之后回到主治医生那里总是尽力回想刚刚进行的复杂手术过程，但有时是不完全或不准确的，另一位医生在手术的时候老师就在旁边严格地观察并直接进行指导，那么，你会更愿意选择哪一位医生为你的家人做手术呢？毋庸置疑，你肯定想让被观察过的这位医生来做手术。在助人工作中我们应该期待督导师能够去观察自己的工作并对此提供反馈，然而在督导工作中，最常用的方法就是自我报告而不是直接观察，所以就像刚才那个例子中第一位医生那样，助人者在接受督导时往往会与督导师谈他们做了什么，求助者做了什么，以及他们之间发生了什么。

有一个研究表明，受督者并不总会和督导师分享所有发生的信息，有时甚至会刻意隐瞒，即使受督者想要完全真诚，然而人很难靠口头传递出人际关系中所有的复杂事件，很多事情的发生都很微妙，并不是在语言上发生的。就算受督者很开放，但他并不知道向督导师报告哪些才是重要的，所以，对于督导师而言重要的是直接观察受督者来获得信息。一种是直接观察，比如通过单向玻璃，有时候也可以在受督者的工作房间安置视频监控，另一个房间通过摄像机来观看，录像可能使用得更多一些。录像还有一个优点，它允许受督者放慢速度重新观察捕捉这些微小的瞬间，没留意的场景，微小的序列……去研究它们并从中学习。

总体来讲，通过直接观察来获得关于受督者表现的信息能使督导工作更有效，反馈受督者表现的方式是常规效果监测，这成为助人效果反馈非常重要的方式。

Michael J. Lambert 开发的 QQ-45 有 45 道题目，评估求助者对每次会谈的感觉如何，获得整个助人期间求助者的得分，通过它可以看到求助者随时间发生的变化，这种效果监测还可以标注出求助者什么时候可能开始出现恶化，当求助者出现恶化时，建议将视频片段带到督导中，督导师和受督者研究这个过程中发生了什么，从而成为受督者学习的机会，并且提供了一个后退一步重新审视助人过程的机会，所以在督导过程中应该对受督者的求助者进行常规效果监测。而且回到第一个督导目标，帮助更好地保护求助者，所以这样有助于受督者变得更有效能。

Scott D. Miller 开放了一个系统非常有用，这里有两个量表供大家参考。第一个是效果评定量表，它只有 4 个问题，由案主在每次会谈开始前填写，主要了解案主的各项功能，这样能追踪每次会谈之后案主的功能水平；第二个量表是会谈评定量表，评估受督者和求助者之间的关系同盟，所以我们可以追踪这两者在时间上的变化，案主只需要花几分钟时间来填写，这两个量表在平时的督导和个案实务中使用是非常重要的。量表见附录。

第二步：获得信息后如何提供反馈。

反馈应该是“切实可行”的，提供可以显著提高受督者表现的信息，需要有几个特点来确保反馈信息的有效性。

（1）反馈的递增性，是指一次迈出一小步，如果受督者正以某个特定方式表现，但是他的表现和你认为他应该有的表现之间存在很大的差距，就不要太苛刻，给他们设定一些小目标，他们很快就能达到，督导师给他们的反馈应该是那种逐渐递进的，如果一下子要求太高，他们会不知所措的。

（2）反馈应该是建设性的，常常以支持性的方式出现，这样受督者就不会感到被评价，不是对一个没有效能的人的评价，而是对没有效果的行为作出评价。

（3）反馈的可操作性，应该和特定的能力相关联。我认为这可以用等级评定法，将胜任力锚定到一些具体方面。

第三步：获得对督导师自己工作的反馈。

督导师想要有所成长和学习，在任何一个领域可能都需要获得反馈，这可以对督导师进行良好的评估，比如和受督者聊天，询问他们对工作进展的看法，他们怎样看待我们的追踪方式，他们所期望的效果可能会怎样，这种谈话很难进行，但重要的是给他们一个机会，允许受督者谈论这些关键的信息。

本书附录部分也有正式的量表可供督导师使用，如督导师进行自评的量表，受督者对督导效果进行评价的量表，还有用于团体受督者对督导师进行评价的量表。

## 五、帮助受督者处理反移情

督导师可以帮助受督者提高技能，可以帮助受督者解决一些技术困境，也可以帮助受督者处理他们对求助者的情绪或情感反应，即反移情。反移情是很正常的，不可避免的，它是指我们在看待他人时往往不从客观角度出发，而是通过我们头脑中的某个他人的方式来看，所以特定的人提醒我们用对待之前那个人的方法对待现在这个人（求助者），他让我们想起了父母或兄弟姐妹，在某种程度上这对我们或求助者都没有帮助，因为简单来讲，我们对受督者有这些反应看作是他们遇到了困难，而且我们有义务帮助受督者解决他们的反移情，认识到这对于求助者来讲意味着什么，并加以管理，以便让受督者变得更有效能，所以我们需要帮助他们理解反移情的发生是符合预期的，应该有能力去管理这些问题。Hofsess 和 Tracey 在 2010 年开展了一项关于如何识别反移情的研究，比如你的受督者在督导会谈中对求助者产生了防御，那么你可能会对受督者带有防御性，或者他们开始对求助者表现出内疚感，或者对求助者不停地道歉，或产生了嫉妒情绪、愤怒情绪等，所有这些反应都阻碍了受督者的助人效果，督导师有责任帮助他们认识到这一点，然后设法管理这些反移情。重要的是，我们要在教师角色和咨询师角色之间保持平衡，实际工作中很多督导师在这个时候会开始给受督者进行咨询，这是不符合伦理的，例如，受督者说和某名求助者工作时会想到自己生活中的某一个人，他们发现自己会对求助者毫无理由地生气，这时候督导师需要开始和他们一起工作，帮助他们意识到当下正在发生什么，应该如何去应对，帮助受督者在与求助者的工作中变得更有效能，这才是比较恰当的。相反，如果你在跟你的受督者工作时感到很吃力，你们开始讨论受督者的一些问题，你开始帮他们处理那些超出求助者之外的东西，比如处理导致受督者产生反移情的个人成长史，这就看起来很像是个案工作，这是不符合伦理的，当然关于这一点也是有争议的，督导师要治疗性地帮助受督者觉察到反移情，但又不能超越界限成为受督者的社工。

综上所述，督导的第一个有效成分就是督导协议，主要是关于你们能一起做什么，你们如何承担责任，还需要一个关于双方预期的谈话。第二个必须做的事情就是督导师和受督者之间的同盟，督导同盟不仅仅可以教给受督者如何去形成个案工作同盟，而且强大的同盟能够提供更好的督导反馈等，当督导同盟变得薄弱或破裂时，必须要解决这些问题。第三个是模仿，受督者通过观察来学习，他们模仿甚至会内化督导师的一些行为，会经常思考我的督导师这个时候会怎么做，所以作为督导师必须要可以去做示范。第四个是反馈，获得信息的能力很重要，获得关于受督者正在做什么的信息，还有通过直接观察录像片段或评估获得的信息，另外需要让每名求助者提供社工定期的反馈，并在会谈督导过程中使用。然后督导师尝试提供反馈，重点是有建设性地、直接地、清晰地、递增地为受督者提供反馈。当督导师发现自己对受督者有些不舒服的感觉时，就会不得不给出一些困难的反馈，有的时候因为不想伤害受督者的感情而变得更加含糊不清，开始有所保留，讽刺的是，这时候恰好是受督者最需要明确反馈的时刻。

# 小 结

本章再次论述了督导的核心目标是保护求助者和大众的福祉最大化，同时讨论了督导的内容，分别按对象和功能区分了不同的督导内容，并且特别提出了督导中的情感理解工作，也讨论了当受督导有很多问题的时候，根据三方面的原则去选择督导问题；第三节为读者呈现了社会工作督导的形式和过程，在原有的四阶段基础上更加充分地论述每个阶段的任务；第四节从不同的工作阶段为读者提供了督导工作中会用到的技巧；第五节讨论了督导工作中五种有效的成分：督导协议、督导同盟、模仿的作用、反馈的作用和处理受督者的反移情。

# 第七章　督导关系

## 第一节　对督导关系的理解

### 一、督导关系是什么

社会工作督导关系（social work supervisory relationship），本书简称督导关系。Borders 等认为督导关系是一种广泛的、很难完全描述出来的建构性的关系（Borders，2006）。督导关系涵盖了诸多结构要素，如关系发展过程、双方的影响、平行关系过程（即督导师-受督者关系与受督者-服务对象的关系呈平行态势）、移情和反移情以及督导和受督者的性格特质等（Goodyear，2014）。

Holloway 将督导关系看成是一个互动过程，将研究的关注点置于督导关系发展的阶段和督导协议方面（Holloway，1995）。

Watkins 在治疗关系的基础上，认为督导关系是一种三方参与的模式，其中涉及移情与反移情现象（Watkins，2011）。

国内学者在研究督导关系时所关注的情感联结则指的是督导师和受督者之间建立在情感层面的联系。

Holloway 提出督导关系的概念，即督导关系是促进学习者投入，以达到督导目标的最主要的情境因素。Kadushin 指出督导关系是督导师与受督者之间互动过程中所建立的一种互动的关系。徐明心认为督导关系是社会工作督导的基础，并且进一步提出督导师与受督者的三种可能的督导关系，即行政取向的、专业取向的以及支持性取向的关系。

所谓专业取向的督导关系是指督导师视受督者为专业同僚，这种督导取向强调专业成长，关系比较持久，可能延续正规专业生涯（李娅娅，

2014)。

督导是由一个高资历的专业人员对同专业内下级或初级人员所提供的一种干预。

督导关系是评价性的，有等级的，需持续一段时间，同时具有多个目标：提高下级人员的专业能力，监控受督者向求助者提供的专业服务的质量，并对即将进入本专业的人员进行评价和评估。

（1）等级性。

（2）目标性：非人际关系。

（3）时间性。

（4）权力性：督导师监控和评价服务质量和胜任力。

良好的督导关系对社会工作实践越来越重要，在实务工作者面对压力甚至恐惧情境时，督导可以“一直在那里，不带批判地倾听”，好的督导关系有助于增加社会工作实践中的安全感和保障感（Smith，2000）。良好的督导关系有助于减轻工作者的职业倦怠，提升工作满意度，降低流失率，通过为社会工作者提供支持以提升其服务效果（高艺多，2017）。

社会工作督导关系被研究者们视为社会工作督导促进受督者发展的核心工具，被受督者看作督导中的关键要素。当谈及督导实践中什么最影响受督者的发展时，受督者最关注的往往是督导关系，说明督导关系的质量在很大程度上影响着督导效果（Nelson，Friedlander，2001）。而且有研究表明，督导关系和督导技术对督导效果的影响是相互独立的（Hansung Kim，Sun Young Lee，2009）。

## 二、督导同盟

Bordin（1979）对督导工作同盟的概念：为了改变的合作。包括三个部分：任务一致、目标一致、情感联结。

（1）督导师与受督者对督导目标的相互认同和理解；

（2）督导师和受督者对督导任务的相互认同和理解；

（3）在督导师和受督者之间的情感连接。

Bordin 将督导工作联盟作为解释督导关系的基础，对督导工作联盟的界定，Bordin 重点强调了三要素：

第一，督导师和受督者关于督导目标的协商和理解；

第二，督导师和受督者关于围绕目标需要完成的任务的协商和理解；

第三，督导师和受督者之间使得督导实践得以进行的情感联结。

## 三、督导关系的发展阶段与冲突表现

Holloway 认为督导关系总体上经历了开始期、成熟期和结束期，她认为督导关系是从单向沟通到双向沟通的过程。具体来讲，开始期需要完成的任务包括澄清督导关系、建立协议和规定协议内容。在成熟期需要督导师和受督者直面影响督导效果的个体因素，在此阶段的讨论中，需要双方维持充分的信任和高度的敏感性，同时该阶段比较强调督导的教育功能，着力提升受督者的专业技能、理论敏感性和核心竞争力。随着督导关系进行到终止期，受督者的能力有所提升，逐渐理解了理论与实践之间的联系，受督者对接受督导直接指导方面的需求显著下降，同时作为督导关系的最后阶段，需要双方对当初制定的督导目标进行检视和评估（Holloway，1995）。

在督导关系中存在的隐性冲突主要表现形式有言出不行、固执己见、信任缺失、认同缺乏、理念分歧等形式。

言出不行：言出不行是督导关系中隐性冲突的表现形式之一，也是出现频率相对较高的形式。

固执己见：督导关系作为专业精神、理念、方法的传递过程或通道，需要督导师和受督者双方能够清醒地放下自我，学会走进对方的世界，逐渐彼此靠近，是灵魂相碰撞的过程。在这个过程中，如果固执己见就会失去一些改变自我的机会，改变意味着转机，需要改变的时候固执己见也就容易引发隐性的冲突。

信任缺失：当权力作为外在因素掺入督导关系中时，督导师与受督者之间本该有的信任被在一定程度上削减了。

认同缺位：当督导师和受督者之间出现分歧时，同在一个社会工作机构内的受督者可能对督导师产生不认同的感受，这种不认同并未突出表现出来，也是一种隐性的冲突。有受督者表示不管对督导师如何有想法，都不会说出来，而是认真做事，“感动”督导师。

理念冲突：督导师与受督者的理念分歧表现之一就是价值观的分歧，其二体现在理论与实务取向的分歧，通常科班出身的督导师理论意识相较于非科班出身的受督者理论意识更强，而受督者则秉承着实务取向，两者之间产生了一定的张力。

情感联结：被描述为督导师和受督者分享喜欢、关心和信任的情感，分享督导的体验可以强化督导师和受督者之间的联结以及使督导目标和任务达到成熟的阶段，与督导师积极的情感上的联结，会导致受督者在督导过程中评价自己的行为是比较积极的，感受到比较舒服。情感联结在督导关系中发生，也是督导关系的一部分。

积极和富有成效的督导关系对于成功的督导起着决定性的作用。有效督导关系的特征：安全的、信任的、尊重的、合作的。引发的平行关系：好的督导关系会带来好的咨询关系。督导师对受督者好，受督者才会对求助者好。

## 第二节　建立有效督导关系的条件

如何建立督导关系：督导关系是一种非人际的关系，基于达到一定的目标而建立。督导关系在学历教育中产生，受督者必须去做督导下的实习，因此会有学校督导和实习单位督导出现。在目前我国学历教育的规范性有限，不是所有的学历教育项目都能得到规范的督导，于是督导常常发生在学历教育之外的继续教育，比如特定的咨询学习工作坊、高校助人工作中心的实践中。

首先，督导师和受督者之间相互选择，签订督导协议。督导师的自我介绍，受督者的自我介绍，最初的见面与沟通，达成协议或者未达成协议。

### 一、受督者如何选择督导师

（1）一个好的社会工作者或助人者不等于一个好的督导师，尽管好的社会工作者或助人者常常可能是好的督导师。一个人有多年的助人工作经验不一定是好的督导师。一个好的督导师一定是有丰富的临床社会工作经验。

（2）来源于一个合法的权威性助人工作/治疗机构或者被权威部门认可的合法的助人工作/治疗机构。

（3）督导师本人具有合法的资质，如社会工作师资格证书。

（4）督导师接受过正规而严格的助人工作/治疗培训，具有丰富的临床工作经验，其资质应得到有关行业管理部门的认定。

（5）督导过程与结果得到相关行业的认可。

（6）督导师与受督者的现实关系不宜过于紧密，最好由受督者主动挑选督导师。督导关系比较容易发生多重关系，首先是同行的关系，单纯的督导关系很难存在，督导关系不要过于紧密的原因在于督导的评价性和监控性需要督导师客观中立，如果关系过于紧密则没法保持这种中立性。

## 二、督导师如何选择受督者

（1）要看受督者是否接受过较为系统的社会工作理论与方法相关知识、助人技巧、心理咨询与治疗的基本理论、心理评估等培训。培训项目中的基础课程至少包括：社会工作导论、个案工作、小组工作、社区工作、家庭社会工作、助人技巧训练、人格心理学、发展心理学、社会心理学、心理咨询理论与实践，以及会谈的基本训练等。

（2）是否在合法的助人工作/治疗机构从事临床社会工作服务，能合法地与求助者建立服务关系。

（3）是否具有接受督导的主观愿望，并自主选择督导师，否则，需要所工作的社会工作机构来指派督导师。督导动机不足也很难建立督导关系。

## 三、最初督导关系的建立步骤

（1）双方彼此基本的自我介绍。

（2）双方对督导的期待了解。

（3）诸多需要达成一致内容的讨论。

（4）见面过程中督导师的态度是建立督导关系的初始条件。

（5）结果：达成协议或未达成协议。

## 四、督导协议在督导关系中的意义

签订督导协议可以促进督导双方在以下几个方面达成一致：

（1）对督导的理解一致。

（2）对督导目标的一致。

（3）对督导任务的一致。

（4）对督导设置的一致：地点、时间、费用（连续性、单次等）。

（5）对特殊议题的一致：一些伦理法律议题，如突破保密等。

如果只是连续几天的督导或者单次督导，也需要对主要内容进行口头协议。签订督导协议会使督导关系在一个框架中建立，使双方对督导过程更加具有确定性和安全感。

## 五、建立有效督导关系的促进条件

督导关系建立的促进条件包括：同理的理解、尊重和具体化。

（1）同理是督导似乎理解了受督者的世界，但是督导并没有丧失掉“似乎”。

（2）尊重是将受督者作为人来接受，相信受督者可能会有焦虑、不适和在咨询中获得能力的困难等。

（3）具体化是督导师表达与受督者专业发展相连的思想、情感、行为和体验。提供具体的直接的反馈，也传达出督导的同理和尊重。

## 六、建立有效督导关系的行动导向条件：真诚、对质和立即性

（1）真诚意味着督导师和受督者在一起时是他自己，适宜的探讨模式，分享作为咨询员人性的一面。然而，有一点非常重要，即真诚并不意味着对受督者表达所有潜在的对受督者的伤害性的看法（Moses Hardin，1978）。

（2）对质包括督导师分享受督者不一致的情感、态度和行为，帮助受督者获得比较深的专业上的觉知。对质的使用是基于督导师认为可以帮助受督者获得自我理解和为改变承担的责任。另外，对质如果是为满足督导师自己的需要，如惩罚、批评或者超过受督者的承受力等，显然是不合适的。

（3）立即性的内容是聚焦在此时此地督导师与受督者之间的互动。

## 七、督导关系中的权力性、等级性

双方之间不平等：在关系中督导师是向受督者提供帮助的人，有权评价他人行为的人，具备较高的专业技能和角色。有效的督导要求督导师能够认清自己在这种关系中的权力，包括它的来源、表现形式以及如何应用它们。权力是一种工具，督导师所面临的挑战是，必须意识到他们拥有权

力以及如何使用权力发挥最大的效应（Bernard，Goodyear，2005）。

即使关系不平等，也需要督导师将受督者作为同行来对待，督导是相互的合作，也是相互学习的过程。

### 八、关于督导关系的几点忠告

（1）督导并非简单地对受督者提出一些建议与指导，而是一个督导师与受督者之间充满情感且复杂的互动过程。这是督导双方的一个学习联盟。

（2）受督者是督导师的同事，而不是他的病人。

（3）不能把受督者当成一般的同行以满足自己的交流渴望。

（4）督导师应尽量避免在督导中有意或无意地将自己的理论倾向强加给受督者，使其成为自己的追随者。

（5）平行关系：督导师与受督者之间的关系常常可以提示社会工作者/助人者与求助者之间的关系，反之亦然。正如在社会工作服务关系中有移情与反移情、阻抗等现象一样，在督导关系中也同样存在类似问题。

（6）平行关系也会体现在正性方面：督导师对受督者好，受督者也会对求助者好。

## 第三节　督导关系的影响因素

一个积极的督导关系使得督导和受督者双方共同努力营造安全的学习环境，因此影响督导关系质量的因素，主要来自督导和受督者双方的特质以及文化等因素（Bernard，Goodyear，2009）。

### 一、督导风格

督导风格成为影响督导关系质量的重要因素。督导风格指的是不同的督导方式和对受督者的回应方式，有学者将督导风格划分为三种：魅力型（attractive）、人际敏感型（interpersonally sensitive）和任务导向型（task-oriented），相应地，还有学者将督导风格分为顾问（consultant）、咨询师（counselor）和教师（teacher）（Nocholas，Loretta，2010）。

还有学者根据督导关注督导实践过程中的情感，还是关注督导实践中的过程及实务问题，设置了情感和问题/过程两个主题（维度），按照这两个维度将督导风格分成了四个类型：同时关注情感和过程/问题的督导，更关注情感，不太关注过程/问题的督导，情感和过程/问题都不怎么关注的督导以及更关注过程、不太关注情感的督导（Ingram，2013）。这四种类型的督导与相应的四种类型的受督者如果匹配不佳则会发生冲突，因此需要在类型匹配的基础上进行协商沟通。

有研究表明，受督者更倾向于结构化、有明确指令的督导风格，他们关注督导过程中的任务而非彼此之间的界限或过程。在督导的理论取向上，这些受督者更喜欢折中主义的取向，在这一折中主义框架中，易于实现控制性与自主性的平衡，既有问题解决的直截了当，也有创造性的思维碰撞。同样的，不同的督导风格会影响受督者对督导的评价（Lazar，Eisikovits，1997）。

在督导与受督者的互动中，督导的依恋类型也是影响督导关系的重要因素。一个安全的依恋类型意味着个体愿意找寻并接受情感上的帮助并且也愿意给予他人帮助和支持。

## 二、受督者的抗拒、焦虑和自我暴露

受督者的抗拒、焦虑和自我暴露是几个关键的影响因素。Bernard 和 Goodyear 认为，受督者表现出来的抗拒实际上突出显示了其渴望与督导分化的内在需要，抗拒的具体表现诸如不肯在督导师的影响下自我暴露，并在与督导师讨论时转移话题，在督导的过程中故意迟到或者缺席，不配合督导的任务，如拒绝录音，不配合执行督导计划等（Bernard，Goodyear，2009）。不难看出，这些抗拒都是一种不合作、无声抵抗的情形。此外，受督者在很多情形下会体验到焦虑的情绪，比如面临督导师含糊不清的期望之时，当然这种焦虑会随着受督者能力的逐渐提升而减少。受督者的焦虑也会影响到受督者的学习、工作表现以及在督导实践过程中的回应（Dpmbeck，Brody，1995）。受督者在面对督导师和服务对象时，往往选择隐藏其对督导关系和体验的态度和感受，却愿意向服务对象自我暴露（Pisani，Ajna，2005）。研究表明，在督导过程中，受督者总是拒绝透露个人内心的想法和一些私人信息，尽管他们的内心存在着自我暴露的需求，Yourman 认为其中一个非常重要的影响因素是受督者的羞耻，因为在督导过程中，受督者很有可能感受到自我怀疑和羞耻的情感。由于羞愧机制，受督者往往倾向于将自己隐藏起来，这不仅不会使得即将降临的羞耻消失，更可能导致督导师对受督者的消极看法。因此，受督者的羞耻感受和自我隐藏（非自我暴露）也是影响督导关系质量的重要机制（Yourman，2003）。

## 三、文化因素

近些年来，跨文化督导引起了学者们越来越多的重视。督导师在分享个人内心文化冲突时的自我意识、真实性以及商讨文化和种族问题的开放性都是影响督导关系的重要因素。督导关系中的性别因素也被细致的学者们纳入了研究范畴，与其他影响因素发生交互作用。性别与督导风格和双方的灵性交流存在着一定的关联：男性受督者与男性督导师进行灵性交流的频率多于女性督导师，女性受督者与女性督导师进行灵性交流的频率也多于男性督导师，也就是说督导关系双方若为同性，则相互展开灵性交流的频率会更多。这一研究发现说明以往很多研究者都低估了性别在督导关系中的影响（Miller，Ivey，2006）。

## 四、督导关系中的焦虑

好的督导关系是指自我、他人和情境之间的一致性与协调性，而往往这三个方面也都会成为督导师焦虑产生的来源。

第一，督导师的焦虑。

（1）督导师感受到的来自自身方面的焦虑主要包括：对自身的人格魅力、专业水平不自信，或者说自认为自身的人格魅力和专业水平未能达到期望的水准；个人情绪管理欠佳；对自身的角色定位尚不够清晰等。

（2）督导师感受到的来自他人（受督者）焦虑主要包含：一些受督者表现出消极的态度；同一机构内的受督者双重关系，要给“面子”；与机构外部的受督者不能建立紧密联系，甚至不了解对方工作、心理动态。

（3）督导师感受到的来自情境的焦虑主要有：督导实践中对因文化差异而难以指导受督者的无奈而焦虑；社会工作行业及督导职业发展前景不明朗；督导在体制中的位置不明晰及缺乏社会支持；行业模式有脱离“以人为本”的风险等。

第二，受督者的焦虑。

（1）来自工作压力：受督者在面临工作压力的时候会感到焦虑，焦虑来源于生活状态、事件和工作状态上的负面情绪，如由于不会拒绝导致工作任务繁重，工作压力非常大，于是导致个体的焦虑情绪。

（2）担心被评价：一些受督者是社会工作机构的新进者，在督导过程中会面临被评价的压力，学校实习过程中的督导有更强的评价性，督导师的评价和社会工作实习生的成绩直接相关，督导师的评价甚至直接关系到社工实习生未来的职业选择。

## 五、督导关系中的阻抗

督导关系中的阻抗通常是消极的意思，但是受督者出现阻抗是意料之中的行为，督导师有责任识别出这部分阻抗（Borders，2009）。因为督导是教育性和评估性的，所以抗拒成为受督者在督导实践过程中的保护性策略或防御机制，也是受督者对督导师权威话语的反叛和竞争。因此，评估并回应受督者表现出来的抗拒是十分重要的，因为一旦对受督者的阻抗置之不理，那么这种阻抗将很可能对督导实践的质量和效果造成负面影响（Wahesh，2016）。阻抗的表现有以下行为。

打破设置边界：督导师或受督者都有可能提出一些要求而使督导关系的边界变得模糊或不明确，具体表现如受督者请督导师直接帮忙做一些工作，受督者向督导师索要督导机构的内部资料，双方存在明显的双重关系等。正如社会工作者与服务对象之间要避免双重关系，双重关系对督导师与受督者来说也是一个巨大的挑战，甚至是风险。

督导师自身心态急躁，意图将自己的期望、价值和目标等强加给受督者时，受督者会表现出阻抗，由此导致受督者发生抗拒行为。

## 六、督导双方的相互评价

高艺多（2017）的研究发现，督导师和受督者之间的相互评价中，情感和能力成为督导关系双方相互评价的重要标准。

督导师对受督者的期望：情感为本。

督导评价受督者是否理想的情感维度的标准主要包括：受督者的责任感是不是很强？心理素质是不是过硬？在督导过程中对目标和任务的主动性、参与性、反思性是不是足够？对督导本身和督导关系是否认同、是否重视等。

受督者对督导师的期望：能力为先。

受督者对督导师的评价则主要关注能力方面，尤其重视督导是否具有较高的理论性，是否拥有较好的教育技能，是否能够表现出较强的管理能力等。

可采取的修复干预：督导焦点的转换、督导师的风格改变、理解并处理受督者的反移情。

## 七、受督者的因素

（1）依恋风格：焦虑性依恋、强迫性自立。

（2）逃避羞耻：督导过程容易引发受督者的羞耻体验。这来自羞耻本身的评价性，也由于受督者必须在督导中暴露自我和他们的工作内容。羞耻体验的表现：退缩、回避、攻击他人、攻击自我。

（3）受督者的焦虑：对期待、角色、评价标准和程序的不确定性。

（4）受督者需要感到有能力。

（5）对督导师的移情：消极移情——督导师是严厉的、惩罚性的；积极移情——对督导师的理想化。

面对受督者的这些负面的影响因素，督导师采取以下修复干预：

（1）提倡无羞耻感的学习环境——信任尊敬的氛围。

（2）保持督导工作一定的结构性，对期望、角色、评价标准和工作程序的清晰性。

（3）持续性的积极鼓励。

## 八、督导师的因素

（1）督导师的依恋：督导师需要自知对督导关系的影响。

（2）人际影响力：督导师在关系中拥有更大的权力这个事实本身不是问题，重要的是督导师怎样用它来保护求助者和促进受督者学习。

（3）督导师的反移情：一种是由受督者的人际风格引发的反移情，一种是来自督导师自身某些尚未解决的个人问题而产生的反移情。

# 小　结

在助人工作中，注重关系中的动力给工作效果带来的影响，这源自精神动力学的一些概念和实践，本章详细论述了督导关系的相关议题，呈现了以往研究者对督导关系的论述和研究，介绍了督导联盟、平行关系等概念，从具体而操作化的层面介绍了建立有效督导关系的条件，从动力学的角度分析了督导师、受督者、督导风格、文化因素、焦虑、阻抗、评价等因素对督导关系的影响。

# 第八章　督导中的评估与反馈

督导的评估与反馈是督导过程中重要的环节，好的督导师会给予好的评估与反馈。督导的意义最终落实到督导的评估与反馈之中。

## 第一节　评估与反馈的定义及必要条件

### 一、什么是评估和反馈

做督导师的评估和社会工作者的评估是不一样的。督导师的评估是对受督者专业能力和胜任力的鉴定，评估是督导的重要部分，或者说，督导过程就是不断评估的过程。督导师给予有效的评估是一种核心督导技能。督导的最终目的是要鉴定受督者是否适合做一名社会工作者。

评估有形成性的和总结性的两种类型。评估鉴定是受督者是否达到学习目的以及是否能够进入行业的一个判断。

督导师在督导过程中看到、听到受督者的表现，觉察到了问题，觉察到受督者需要成长的地方，把这些信息告诉受督者的过程就是反馈。反馈是把评估信息传达给受督者以达到提升受督者胜任力的目的。

评估和反馈是相辅相成的两个环节，经常同时进行，评估过程中给予反馈，反馈过程中又能提供给督导师做评估的信息。例如，受督者在同理方面很欠缺，督导师需要把这个信息传达给受督者，于是就会指出哪些地方同理可能做得不够，这时候受督者也会有回应，从回应中督导师又了解到受督者为什么同理做得不够，或者哪个具体的方面同理做得不够，这样又给了督导师进一步的信息进行评估。

评估是督导师最核心的技能，如果督导师不能给予准确的评估和很好地反馈受督者的问题，那么受督者会感到迷茫，不知道自己哪里做得合适或不合适，哪些地方是自己的盲点，哪些地方需要学习，哪些地方需要成长，或者哪些只是自己一时没有做好，如果这样，督导师的作用就大打折扣。

在以往的研究中发现，受督者最不满意的就是没有得到督导师很好的反馈。

评估除了帮助受督者成长以外，还有一点很重要的意义，就是保证督导师对受督者进行合格入行或者合格毕业的评判。督导师要给出评判性的意见，受督者是否适合做社会工作者。如果督导师是在学校做教师，就要给出受督者能否毕业的评判，如果督导师是在临床上工作，就要把这个结果反馈给实习生的学校，你对受督者的考虑，他们是否达到了学习的要求。从长远一点来讲，督导师也是对全社会负责，如果你没有把受督者不适合做咨询的信息反馈给他的机构或学校，未来受督者进入行业，将会形成对社会公众利益的危害，从这个意义上来讲，入行判断十分重要。

## 二、评估与反馈的必要条件

（1）良好的督导同盟关系。

督导协议是良好督导同盟关系的基础，清晰明确的督导协议是同盟关系的前提，评估与反馈需要提前写在督导协议中，包括遇到社工有违反伦理的情况如何处理，如果社工不合格如何工作等，要说明评估与反馈的过程，受督者会有心理准备。

（2）清晰明确的督导协议（角色、期望、结构等）。

（3）事先明确沟通评估程序和过程。

（4）督导师具有专业责任感和职业道德操守。

个人因素对有效的评估与反馈的影响：如果督导师没有个人的意愿，是做不好督导师的，督导师的专业责任感非常重要，需要为了下一代社会工作者更好地发展，成为合格的社会工作者而努力去工作，这是一种专业的责任感。

（5）督导师要了解被督者的个人特征、个体差异、文化背景等可能影响交流的因素。

（6）要透明地面对督导的阻抗或被督者对反馈的辩护。

要了解受督者对督导、督导评估和反馈、督导关系的认识，评估就会有一些更正面的意见，这种反馈是必要的，对受督者成长是很重要的，但是可能会让受督者认为是一种批评，有的受督者很敏感，会产生一系列情绪上的反馈，这样就会影响受督者吸收并转化评估的内容。

如果督导师没有注意到这部分因素对督导的过程，就会影响督导的效果，督导师需要调整自己的方式，找到更好的方法帮助受督者。最好在督导开始时就要充分了解受督者的情况，来避免阻抗因素。

（7）评估反馈是相互的，持续性的。

评估是在整个督导过程中持续存在的，仅仅是结束时的总结评估不足够。

# 第二节　评估方法及工具

## 一、评估方法

### （一）直接观察受督者

督导师通过双面镜、视频直播、共同在个案或团体工作室中直接看到受督者的工作情境，或者直接参与受督者的社区活动现场，这种方法是最鲜活的、最充分的，由于种种原因，时间、精力、资源等，督导师不可能对每名受督者的每次工作都直接观察，所以还会有其他的方法进行督导工作。

### （二）问谈

督导师在工作中听取受督者的汇报，了解受督者做了什么，怎么做的，为什么这样做，有些什么问题和困惑，督导师听取之后再进一步询问，讨论清楚，很像上课，受督者汇报、老师听、询问问题、发现问题、解决问题（找到需要督导的地方），这些都属于问谈的方式。这种方式引导性强一些。

### （三）倾听受督者自我陈述

让受督者自己从头到尾把工作过程、问题等梳理清楚，进行陈述。

### （四）鼓励自我观测（第三只眼）：启发性问题

鼓励受督者自我观察、自我反思，这也是问谈的一种方式，尽量问一些启发的问题，让他自己带着第三只眼进行自我评估，这种方法对受督者成长有好处，是值得鼓励的方式。

**（五）分析被督者的呈现材料（影像资料、录音材料或逐字稿）**

督导师没法在现场看到受督者的工作情境，书面的材料包括视频录像、录音、文字资料，录像有一定的困难，有时候求助者不同意，可以建议受督者的录像摄像头只对着自己，这样会容易接受。最差也要有录音，用来督导的材料有效性从高到低依次为：录像、录音、逐字稿、回忆性的文字材料。

那些间接的工作材料拿来进行督导评估，就像是海滩上的沙子堆砌的城堡，经不起推敲，在某种程度上，是建立在空架子上的，没有实在的东西作支撑。所以说做评估反馈，信息的来源和资料的翔实性是非常重要的。

**（六）多特质、多方法、多来源的评估**

社会工作者专业能力评估，属于职业胜任力评估的范畴。学者 Kaslow 指出，评估专业人员胜任力的最佳途径应该是多特质、多方法、多来源的（Kaslow，2007）。社会工作的督导或机构可以借鉴简单心理服务机构对心理咨询师的评估来制定社工的胜任力评估标准，也严格遵从多特质、多方法、多来源的评估原则。

1. 多特质

多特质评估，是指需要同时从多种特质的角度，进行个人化、整体化的评估，而不仅仅是仰赖某一两个方面的特质或能力。多特质的评估，应当包括关于知识、技巧、态度以及表现和整合的指标等多个方面（Kaslow，2007）。

对于助人工作者所应该具备的特质，学界尚无最终统一界定，而不同学者基于不同角度发展出的很多咨询师胜任力模型，给社工的评估提供了很多参考。

Rodolfa 等学者在 2005 年提出了“三维胜任特质模型”：基本胜任特质、专业发展阶段和技能胜任特质。其中，科学知识和技能、伦理道德和法律政策、文化差异、人际沟通能力、自我认识和评价、创造性实践与合作等方面，列为咨询师的基本胜任特质，是从事本职工作的基础（Rodolfa，2005）。从助人工作的共同点来看，这个模型也可以适用于社会工作者。

简单心理在对心理咨询师的评估中，参照美国心理学会的心理咨询师基准胜任力模型。该胜任力模型共包含 6 项能力方面，16 项核心能力，分别是：

（1）专业性方面：专业价值观和态度；个体和文化多元性；伦理和法律及政策要求；反思性实践/自我评估/自我照顾。

（2）关系方面：处理各项关系的能力。

（3）应用方面：循证实践；评估；干预；咨商/会商。

（4）科学方面：科学知识和方法；研究和评量。

（5）教育方面：提供教学；提供督导。

（6）系统方面：跨学科支持系统；行政/管理；优化及推广。

2. 多方法

因助人者胜任力特质具有多样性，因此在特质评估的方法上，也应尽量选择不同类评估方式。同时，研究表明，相比于普通的纸笔测试，对于工作案例的评估、基于个案的面试、直接观察等方式，可以更多了解助人者在真实情境中的反应，以更好预测未来的专业表现（Kaslow，2007；Bashook，2005）。

APA 对于咨询师胜任力的评估方法建议中有多达 15 类评估方法，比如：年审/例行审核；个案评估审核；胜任力等级评估打分表；求助者咨询过程及结果数据审核；求助者调查；对当下或历史表现的打分评估；结构性的临床测验；档案审查；记录审查；模拟角色扮演；自我评估；等等。不同的评估方法具有不同的施行方法、测量学特性，也有不同的优势和挑战，也建议机构或单位根据自身情况选择适合自己的评估方法。

简单心理使用的评估方法，除了上文中提到的面试之外，还有对客观申请材料的评估、年审/例行审核评估、求助者过程及结果数据审核等多类方法。

客观申请材料评估及年度/例行审核评估：

该材料中包含助人者的学历背景、专业资质信息、培训信息（已完成的及正在进行中的）、个人体验/治疗经历、咨询实务经验及证明（包含个人咨询、家庭咨询、团体咨询等）、受督导经历及证明等信息。

对于上述材料，机构审核团队会与助人者及证明人/机构等电话沟通确认，进行资料核实求证。

求助者咨询过程及结果数据评估：

助人者所接待的求助者的个案类型、个案程度、个案问题类型、特殊身份等专业信息，可以更客观了解助人者在接待不同类型个案方面的经验，以更好评估助人者的擅长领域分布。

3. 多来源

相比于单独依靠咨询师提供的信息的评估，来自督导师、同事同行、服务对象以及服务机构的评估等，能够提供更多观察视角，提供更多元的信息来评估咨询师（Kaslow，2007）。

这些方法有时候督导都会用到，只是侧重点不同而已。如何把这些信息整合出来进行有效的反馈，这涉及测评工具。

## 二、评估工具

对助人者胜任力的测评工具很多，可以用来对社会工作者的胜任力进行评估。我们强调了观测的重要性，观测社工现场工作，也可以在督导过程中通过练习和角色扮演，让受督者呈现他的工作状态，这样也可以得到一些真实的工作表现，也会得到很好的信息。不要过分依赖评估工具，它只是一个辅助工具。

（一）评估工具的形式

评估工具有以下几种形式。

（1）标准化的，有信效度的评估工具。

（2）非标准化的，经过一些经验积累得到的，但是没有经过信效度检验的评估工具。

（3）量化的，比如李克特量表，进行的数字化的测量。测评的条目比较细致。

（4）质性的：用一些描述性的评语，没有数字的信息。比如“该社工在个案工作基本技巧方面基本合格，能够胜任求助者的基本问题”等这样的语言。“见习社工在某一类问题中能够有创造性地胜任”等，也可以使用“做得很好”“做得不够好”等评价性语言。

（二）内容/方面

胜任力模型的督导：只有知识和技能是不充分的，助人工作行业最基本的要求是“不伤害”原则，这个最低原则说得简单，实际做起来并不容易，督导师作为工作者的守门人，不仅要对知识和技能进行评估，还要对职业道德和操守进行评估，这是合格工作者需要有的基本素养和能力。职业道德包括伦理，伦理是最基本的，职业道德包括很多，比如要衣着得体、尊重、守时、与同行有很好的合作精神等，这些都是最基本的。

（1）知识层面。

（2）技能。

（3）态度/价值观。

（4）职业道德。

（5）衡量尺度。

社会工作者在学习阶段还没有见到求助者，下一个阶段是实习阶段，在读学生进入临床场景中实习，第三个阶段是初入行阶段（毕业前阶段），第四个阶段是入行阶段，第五个阶段是成熟阶段。

在前三四个阶段需要有一个督导师支持，像是一个安全网，一旦有问题可以得到很好的支持和帮助，最终目的是保障求助者的利益。

督导师都是在临床社会工作经验比较丰富的基础上才会考虑帮助别的工作者更好地胜任工作，当你在给予评估性的意见时，需要根据受督者所处的阶段进行评价（水平评估），没有这样的参照系就没有办法给出准确的评价，对一个初学的人和一个初入行的人评估的参照标准是不同的，督导师要有这样的意识，不能对所有的人用同一个评估工具去衡量。

除了对受督者的评估，也应该对督导效果进行胜任力自我评估，也可以让受督者进行督导效果评估。

（1）伦理/法律/专业方面。

（2）理论/个案概念化。

（3）基本个案/小组技能。

（4）干预技术（intervention）。

（5）自我意识和自我反思。

（6）专业态度。

（7）督导效果评估。

（8）督导胜任力自我评估。

（9）评估过程。

（10）制订督导计划，包含督导目标和评估的时间、方式、内容。

（三）需要有形成性评估和定期的总结性评估

形成性评估是正在进行的、不断更正和反馈的过程，总结性评估是评判性的评估。总结性的评估至少有两次，如果以学期为单位，至少应该在学期中和学期末各一次总结性评估。如果没有中间的鉴定性评估，受督者总是认为自己要改进，但是没有意识到有些地方自己做得不够，等到期末再获得总结性评价，就会非常吃惊，相当于督导师没有给受督者充分的时间去更正。形成性评估以成长性为目标，受督者听到这些会想到“我怎样做得更好”，只有总结性的评估才会引起受督者的警惕。形成性的评估更多的是以支持为主，总结性的评估更多的是在支持的同时要明确地指出需要改进的部分，这样才能促进受督者更好的成长。

（四）要求受督者提供材料，直接观察最好

（五）对评估信息进行反馈。

每一次督导都应该有评估信息反馈并具体指出下一阶段的重点改进方向，鼓励受督者自我评估、自我观察，督导师也可以示范如何进行自我评估。

（六）跟进了解反馈效果。

（七）鼓励受督者自我评估。

（八）如果有需要，制订干预计划。

在督导过程中最不希望看到但是很有可能发生的事就是通过了很多种工作努力，但是最终受督者仍然达不到应该有的专业水准和能力，这是一个艰难且影响很大的决定，在作这个决定之前需要充分的时间来确认受督者的确不适合，这时候就要制订干预计划，意思就是要有一个明确的信息反馈受督者：他在助人工作中有很大的欠缺，为了让受督者有机会来证明或改进自己，这就是干预计划，应该包括具体在什么时间内，在哪些方面达到什么样的程度等，比如知识方面该读哪些书，技能方面需要怎样去练习，职业道德方面需要怎样改进，怎样观察自己、改进自己，最终达不到水准会是什么结果之类的详细计划。如果实施这样的干预计划之后，受督者可以达到要求就皆大欢喜，如果实施干预之后依然达不到水准，这时受督者本人是可以接受这个结果的。有些受督者也未必不努力，只是助人工作是一种特殊的工作，有些人不适合，所以过程性的评估对于受督者面对现实很重要。

# 第三节　反馈

## 一、反馈的原则

### （一）以受督者的成长为目的

给予受督者反馈时往往会被体验到反馈，督导师要明确一点，你的反馈不是为了批评，反馈的目的是为了帮助受督者在某些方面达到了解和成长。

### （二）倾向性意见/评估而非事实

要意识到督导师给予的反馈只是倾向性的意见，未必是事实。这一点影响到督导师交流的方式和语气，假如你就认为受督者不能胜任助人工作，这未必是事实，所以督导师在表达的时候要有这样的意识。

**（三）与受督者充分沟通交流**

只有把同盟关系建立好、协议框架搭好，才能够比较真实充分地和受督者沟通。

**（四）建设性的反馈**

建设性的反馈是以成长为目的的反馈。

**（五）批评与支持的平衡**

督导师的反馈要考虑到批评和支持的平衡，指出不当的地方是需要的，但是督导师给予受督者支持也是很重要的。只批评不支持或者只支持不批评都是不合适的。可以通常先说正向的做法，再说负向的做法。可以让受督者之间互相评估，也可以让受督者自我评估。

**（六）反馈基于直接或间接的观察**

督导师的反馈一定是要有事实根据的，基于或直接或间接的观察，不能仅仅凭督导师自己的大概印象、大概观察去进行反馈，否则就是不负责任的反馈。

**（七）相互给予反馈**

督导师也要让受督者经常给自己评估，了解自己在督导工作中做了哪些让受督者觉得是有效的等。督导师通过自身示范对受督者言传身教。

## 二、反馈的要素

（1）系统性的：初学者可能有很多方面都需要改进，不可能在一段时间内都解决完。

（2）循序渐进的。

（3）及时性：督导反馈不能等到最后再给，至少每周有一次督导。

（4）清晰明朗不含糊。

（5）客观（不带偏见）。

（6）具体（concrete/specific）。

（7）针对行为而非人。

（8）适合受督者的水平。

## 三、无效反馈的原因

（1）缺少评估反馈必要的条件及要素，督导同盟关系没有建立好。

（2）受督者的原因。

——缺乏自我反思能力；

——缺乏元认知能力；

——对反馈持否定或抗拒态度；

——对评估及反馈有错误的认识。

（3）督导师的原因。

——担心负性评价或批判性评价影响督导关系；

——个人性格不够果敢；

——过于乐观或严苛，过于乐观的督导师总是看到受督者好的一面，过度严苛的督导师总是看到受督者坏的一面，这些都是不行的。

## 四、观察的重要性

（1）没有调查就没有发言权。

（2）发现问题的关键。

（3）细微的观察是给予具体明晰反馈的必要条件。

（4）观察能力是可以培养训练的。

（5）督导师要有自我观察、反省、反思的意识和习惯。

（6）练习运用描述性的而非判断性的语言。

从观察到洞察是一种修炼过程。

# 小 结

给予有益有效的评估与反馈是一个督导师的核心技能，评估与反馈的目的是为了受督者更好地成长，但同时也具有为行业把关的作用。所以，督导师要有责任感。督导同盟的建立，协议，结构和清晰透明对做好评估反馈至关重要，也就说基础要打好。评估反馈是个不断修正的过程，最忌只在最后结束时才给予评估反馈。评估工具有助于评估过程但只是辅助手段，不能过于依赖。反馈不易，人之天性不愿意听不好的，也不愿意说不好的，了解自己，了解受督者，掌握反馈的原则和要素，不断练习。

# 第九章　伦理与法律相关问题

## 第一节　督导与伦理

### 一、什么是伦理

在助人专业中，伦理常被界定为专业人员的行事准则。通常都是以专业团体来确定伦理规范、伦理守则。

Corey（1998）将伦理定义为“个人或团体用以衡量正当行为的准则”。就是说什么是对的，什么是有问题的，我们的行为界限在哪里。

督导中涉及的人物及关系：督导师与受督者（社会工作者）、社会工作者与案主。那么，督导中的伦理就涉及两个层面的含义：督导应该指导受督者遵循伦理；督导师自身应遵循的伦理。

督导的目的：一方面是促进受督者成为有效能的工作者，从伦理角度看就有专业胜任力与伦理的关系；另一方面督导要保障案主的利益及公众权益，就涉及服务的效果，也涉及伦理和法律层面。社会工作者做得好就可以使案主更多受益，这样就把督导与伦理、法律连接起来。目前指导我国社会工作者职业行为的文件有两个，一个是民政部2012年发布的《社会工作者职业道德指引》，一个是中国社会工作者协会制定的《社会工作者守则》。

专业伦理的意义在于对内规范，对外起到积极推动专业发展的作用。对内规范的是专业人员的专业行为，提升专业服务品质；对外提升公众对专业的信任感，维护求助者的权益。专业伦理在助人的工作中非常重要。要成为专业人士，必须要接受督导，参加伦理培训，并提交案例报告。伦理培训是三大条件之一。

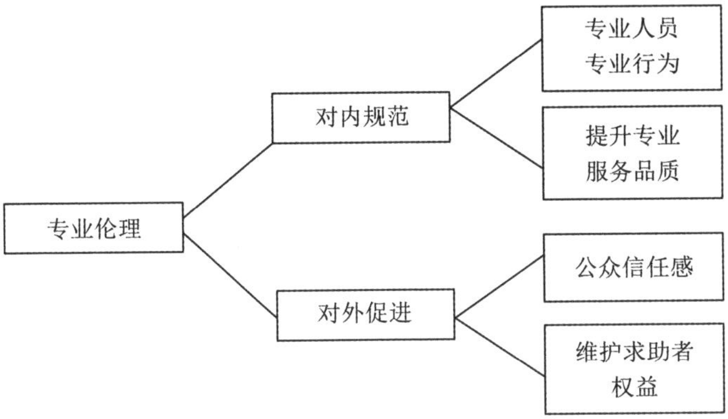


图 9-1 专业伦理的意义

专业技能与伦理规范就像是助人工作者的两个翅膀，两个翅膀缺一不可，如果只有专业技能可能在专业方面经验丰富，但是助人者不遵循伦理去进行工作，很可能飞不高飞不远。也有人形容伦理规范就像是交通规则，如果不懂交通规则，驾驶技术再高却一再闯红灯，这样某一天就会发生交通事故。伦理规范是既保障他人的安全又保障自己安全的交通规则。

# 第二节 督导中的伦理议题

## 一、督导中与胜任力相关的伦理

在《社会工作者职业道德指引》中第十八条，对于社会工作者的胜任力规定：社会工作者应在自身专业能力和服务范围内提供服务。《社会工作者守则》中第三部分专业素养规定：

（1）确立正确的社会工作价值观和为专业献身的精神。

（2）努力学习和钻研业务，不断提高专业技术水平和专业服务质量。

（3）通过参加专业培训和进修，努力实现专业化，提高工作效率和服务效能。

（4）运用专业的理论和知识与方法技能，帮助社会成员改进和完善社会生活方式，不断提高生活质量，以利于民族素质的提高。

由于我国的社会工作督导发展不够成熟，所以目前的两个文件对于督导师的胜任力没有进行论述，但是美国社会工作者守则中对于督导师的胜任力有如下论述：

（1）社会工作者必须具备适当的知识和技能以提供督导或咨询，但应仅限于自己知识与能力范围内提供督导与咨询。

（2）社会工作者在提供督导或咨询时，有责任设定一个清楚的、适当的和具文化敏感度的关系界限。

（3）社会工作者不应该和受督导者发生双重或多重关系，以避免对受督导者产生剥削或潜在伤害的危险。

（4）社会工作者在担任督导时，对于受督导者的表现应予以公正与尊重的评估。

这两个部分都提到了胜任力，胜任力很难进行简单的界定，但从本质上来说主要包括三个组成部分：知识、技能和敬业（维尔福著，侯志瑾译，2010）。敬业也称为态度和价值观。做一个社会工作者需要从这三个方面具备胜任力，首先要具备知识（社会工作基本理论、人类行为与社会环境的知识、社会问题与社会政策知识、社会学、心理学、管理学等学科中与社会工作有关的知识等），其次要具备技能（个案工作、小组工作、社区工作等），最后是价值观（服务、社会公正、个人的尊严与价值、人际关系的重要性、正直、能力等）。

督导师的胜任力，首先要具备助人者需要的知识、技能和态度。督导师被认为力图通过自己的行为以及和他人的互动建立专业素养的模板，并教授与专业素养相关的知识、技能和态度（Falender，2017）。这就对督导师提出了更高的要求，一方面要具备那些能力，另一方面又要起到榜样的作用，这是非常重要的部分。社会工作者要具备的那些知识，督导师也要具备，同时督导师要在很多专业技能方面具备能力、一定的经验，才能帮助受督者在专业上有所提高。一个案主前来求助，新入职社会工作者可能会在建立关系、倾听等方面存在困难，督导师也许不只是和受督者谈论，督导师还要现场观察、听录音、看录像或者通过单向镜观察受督者的情况，可能需要角色扮演或者给受督者进行示范怎样和案主接触，还需要示范这个案主的问题是什么？可能会有哪些方面的诊断？当他有一些心理问题或心理障碍诊断的可能性时，建议受督者推荐案主找到相关的心理咨询/治疗师或到精神科医院治疗，这些是督导师应尽的责任，要指导受督者在这方面进行学习。

我们在进行个案概念化时，需要告诉受督者把所学的理论（可以是精神分析、家庭治疗、行为主义等）结合案主的问题进行理解，他的问题是怎么形成的，现在最主要的问题症结在哪里等，把概念化做好了，帮助受督者和案主一起讨论咨询工作的目标，制订服务方案，比如我们工作8次，几次用来评估，几次用来干预，几次用来结束等。这些都是督导师可以帮助新进工作者来做的工作。

总之，督导的胜任力概括为：知道自己在督导中可以为受督者提供什么，知道自己在督导中无法提供什么，知道在督导过程中该怎么做才能帮助受督者获得专业能力的提升等。

督导师的角色根据受督者个人的情况也会有所不同，当面对新进工作者的时候，督导师可以更多地扮演教师、教练，当社会工作者发展到一定阶段的时候，督导师又可以更多地称为受督者的咨商者，可以和他们一起共同探讨问题。具备胜任力的督导师知道自己什么时候该做什么，这也是非常重要的，这可以保障督导工作顺利进行，可以保障受督者的福祉，通过受督者又可以保障案主的福祉。

督导师不可以做什么：

首先，不给受督者做咨询师。在社会工作督导的发展历史中，曾经有一个时期督导过程变成了为受督者进行咨询或（精神）分析，后来社会工作领域开始意识到这样是不行的。知道自己什么可以做，什么不可以做，什么时候该做什么，提醒督导师不要和受督者卷入其他的关系，双方的关系应该是单纯的督导与被督导的关系，美国社会工作者的伦理守则中明确规定：社会工作者不应该和受督导者发生双重或多重关系，以避免对受督导者产生剥削或潜在伤害的危险（NASW，2018）。

其次，不做自己不熟悉的领域。在督导中，督导师尽最大努力通过受督者为求助者提供社会工作服务，且当对他们不太熟悉的领域进行督导时，采取合理的步骤来保证他们工作的胜任力并保护其他人不受到伤害。督导师在督导实践中通过正规教育和培训努力获取并保持胜任力。如果督导不熟悉的领域，就不要贸然去做，可以让受督者向熟悉这个领域的人去学习，也可以不用这种方式，换另外一种方式进行工作。

## 二、督导中与专业关系相关的伦理

### （一）多重关系的议题

多重关系是指社会工作者和案主除了存在专业关系之外，还存在其他社会关系，例如性关系或者朋友、同事、领导、被领导等其他关系。督导师帮助受督者时可能也存在多重关系的问题，比如某个社会工作者的同事存在某些方面的问题，或者领导说："我的孩子有些问题不跟我谈，你来跟他谈谈。"这些都是多重关系，督导师要帮助受督者对这个议题保持敏感性，还要熟知专业伦理的相关规定，我国的职业道德指引论述非常笼统，并没有具体谈到双重或多重关系的议题，但是美国的社会工作伦理守则规定，对非性的多重关系要尽量避免，对性或亲密关系要完全避免。为什么要尽量避免非性的多重关系，是因为社会工作者不容易保持客观的专业立场，比如为领导的孩子咨询，会不会有些方法不敢大胆尝试，会不会担心领导对自己的看法，担心被同事去议论自己的专业能力等，这些都会干扰到自己的专业工作，影响到专业效果。督导师需要帮助受督者去处理多重关系。

关于性和亲密关系，各个国家和地区都是明令禁止的，因为这会对案主构成损害和伤害，也完全不能保障案主在社会工作专业关系中获益，可能有些案主开始会在和社会工作者的亲密关系中获益，甚至提升案主个人的自尊，但是长此以往，当案主发现社会工作者并不能给自己所期待的婚姻关系时，案主会失望，最终感到自己受到伤害。也有研究表明，有这样关系的案主后期会在两性关系中出现无法信任他人的情况，甚至有的案主出现抑郁、自杀的现象，这是督导师需要帮助受督者必须要守住的界限，不能逾越。如果发现受督者已经存在这个问题，督导师要规劝，同时报告当地社会工作协会进行相关处理。

### （二）督导师与受督者的关系

这里面同样存在多重关系的议题，同样要督导师非常敏感，督导师也要熟知专业伦理的相关规定，了解多重关系对督导效果的影响，并对多重关系进行妥善处理。比如说督导与受督者能不能建立亲密关系，这也是明确不可以的。常见督导关系中非性的多重关系包括：同事、上下级、教师与研究生、同门师兄弟等关系。比如某社会工作机构的总干事，又是所有员工的督导师，受督者会不会害怕自己在领导面前暴露弱点，督导师会不会把督导中发现的问题带到工作中，或者把工作中对同事的看法带到督导中，这些都是多重关系带来的影响，这时候需要督导师和受督者讨论这个多重关系对督导的影响，更需要督导师自己清醒地意识并洞察督导关系中的动力和影响，尽可能找到其他一些方式来弥补这种双重关系带来的缺陷，比如总干事作为督导师更多地行使督导的行政功能，另外聘请专职督导师或兼职督导师去实现教育功能和支持功能。在中国由于督导师缺乏，常常会碰到这些多重关系，大家需要对此保持敏感，注意可能会带来的影响。当你是督导师的时候，站在督导师角色的立场上处理问题。当你是上级的时候，站到上级的立场上处理问题，有条件的时候，我们尽量避免这种多重关系，可以请别的老师为自己的学生督导，请外面的老师为自己的下属督导等。还有，督导师和受督者能不能进入同一个微信群？这个对督导会不会有影响？这都是新的通信方式给我们带来的新问题，希望大家多思考，对这些问题保持敏感性。

在督导过程中，如果有不符合伦理的多重关系时，会损害督导师的判断力，或者受督者有被非法利用的可能性（Hall，1988；Bernard，Goodyear，2005）。

**（三）当督导中面对多重关系时怎么办**

当我们进入多重关系中时，我们需要给自己提出以下的问题：

（1）除了督导关系以外，进入另一个关系是必要的吗？督导师是否应该避免进入这个关系？

（2）多了一重或两重关系会对受督者造成伤害吗？

（3）如果不大可能出现伤害，或者可避免伤害，这些其他关系能否是有益的？我们的伦理守则底线是不伤害，其次是要获益。

（4）其他的关系是否有扰乱督导关系的危险？

（5）督导师给受督者出具评估报告时，当有了另一重关系的时候，督导师能客观评估吗？

关系的问题看起来好像不是特别重要，但是要多问几个为什么，想清楚了再决定是否要进入另一重关系。

## 三、督导中与保密相关的伦理

督导在美国是作为职业的守门人和把关者，要让受督者能够应对危机事件的处理，同时在保密方面做到应做的事情。督导师在督导工作中应该帮助受督者对保密议题保持敏感性，什么地方需要保密，如何保密，可以在什么范围说，跟谁说。保密的问题涉及伦理及法律的问题，需要知道如何处理应急情况。

社会工作者与案主的工作涉及保密相关的议题如下：记录的保存、案例的发表，保护案主的隐私，社会工作者该如何做。涉及案主有伤害自己或伤害他人的可能性时，未成年案主受到性侵犯的时候，当法庭需要社会工作者出席的时候，需要突破保密原则。初学者都不知道该怎么突破，督导师有责任去指导社工了解怎么突破，可以做什么，不可以做什么，突破的限度等。目前民政部制定的《社会工作者职业道德指引》和中国社会工作者协会的《社会工作者守则》这两个文件对于这些细致的情况均未作出明确的规定，而美国的社会工作伦理守则都有很详细的论述，并且跟随时代的变化不断修订，比如 2018 版的伦理守则中允许传送识别的信息，但建议社会工作者运用合理的手段保护电子交流的保密性，包括向案主或第三方团体提供信息。为保护案主的保密性，社会工作者应使用适当的防护措施，如加密、防火墙和密码。随着技术变化，社会工作者需要紧跟潮流，使用适合的方式保护案主的保密性。

在督导过程中要提醒受督者在知情同意的时候就要讲清保密的原则及限度，比如案主有自杀风险的时候，考虑到生命至上原则肯定是要突破保密的，但不是要把事情告诉所有人，我们需要告诉案主的家人，需要跟案主商量他希望告诉哪一位家人，这个要让案主有一定的掌控感。督导师指导受督者做的这部分会提升咨询师的胜任力，能够和案主保持好的专业关系。

对于督导和受督者的关系中，同样在关系开始时要签署督导协议，其中要明确督导目标、督导关系的建立、评估的方法和要遵守的伦理。我们在督导中需要突破保密原则的情况：受督者的案主有伤害自己或他人的严重危险时；受督者未成年案主受到虐待，即强制报告的情况（儿童受虐待等）。

督导师不仅要为案主保密，同时也要为受督者保密，因为受督者在督导过程中也会向督导师介绍很多自己的个人情况，如果开展集体督导，首先要在集体中建立集体保密原则。除此之外，受督者在接受督导过程中会提供自己工作的录音、录像以及逐字稿，这些都是督导师需要保密的部分。

## 四、督导中与法律相关的议题

督导中会发现一些法律的议题：首先要对此类问题保持敏感，督导师需要熟知专业伦理及法律的相关规定，同时要知道这类问题如何处理。例如我们的受督者接待的是儿童青少年，首先要和监护人签订知情同意书，那是不是和未成年案主讲的所有内容都要告诉监护人，不是的，只需要把重要的内容告诉监护人，同时又要兼顾案主自己的独立性。我们在做青少年工作的时候需要了解民法对不同年龄界限的规定、未成年人保护法、反家暴法等相关的法律规定。同时，作为社会工作者的督导，我们还需要学习精神卫生法。如果我们遇到其他问题，比如艾滋病、吸毒、酗酒等问题，需要了解艾滋病预防条例、道路交通安全法等。

督导师的责任：督导师有对受督者的责任，也有对案主的责任，即直接责任和连带责任。

直接责任：对于督导而言，督导师对受督者有直接的责任，直接责任是指督导活动本身导致伤害，督导师被判定违规，都可以认定督导师的直接责任，例如督导师对知情同意的违背，违反保密原则，和受督者发生不恰当的双重关系等（Bernard，Goodyear，2005）。

连带责任：美国著名的 Tatinana Tarasoff 案例，这是 1969 年发生在美国伯克利大学的事情。一个来访者在咨询中说过要杀害一个女孩，咨询师查出女孩 Tarasoff 的身份，咨询师和督导师商议后决定以正式文件的形式通知学校保卫部门协助处理，学校保卫部门把案主叫来询问后判断来访者没有危险性，就放其回家，咨询师和督导师讨论认为留着公文会有泄密的风险，怕被法律诉讼，于是把文件取回并销毁，没有再进一步追究，来访者也没有再来咨询。接下来，来访者真的把 Tarasoff 杀害了。Tarasoff 的家属知道来访者咨询的背景后把咨询中心和咨询师告上法庭，加州最高法庭认为咨询师应该向可能的受害者预警，没有预警被视为专业上的不负责任。这个案件最后庭外和解，这个案例中的督导师被认为是有责任的，称为“连带责任”，所以作为督导师在法律上负有直接责任和连带责任。

如何预防渎职投诉（Snider，1985）：

- 与受督者保持信任关系；
- 随时了解社会工作机构和整个职业领域的法律问题；
- 必要时聘请法律顾问；
- 督导师与受督者应有责任保险（目前我国尚未实施）；
- 必要时寻求可信任同事的帮助；
- 做好记录（Bernard，Goodyear，2005）。

## 五、督导中涉及的其他伦理

督导中的多元文化问题：《社会工作者职业道德指引》第六条规定，社会工作者应平等对待和接纳服务对象，不因民族、种族、性别、户籍、职业、宗教信仰、社会地位、教育程度、身体状况、财产状况、居住期限等因素而区别对待。社会工作者从事教学、培训和督导工作时应呈现多元的理论立场，让受督者、被培训者或受督者有机会进行比较，并发展自身的立场。督导师不得把自己的理论取向强加于受督者。

督导评估过程中的公平性问题：担任督导工作任务的督导师应向受督者说明督导的目的、过程、评估方式及标准，告知督导过程中可能出现的紧急情况，中断、终止督导关系等的处理方法。督导师应定期评估受督者的专业表现，并在训练方案中提供反馈，避免因受督者的限制而影响寻求专业服务者的福祉。在考评过程中，督导师应采取实事求是的态度，诚实、公平、公正地给出评估意见。

国内心理咨询一对一督导的伦理实践情况调查中发现，目前国内的心理督导师在以下方面做得较好：不会引诱或者对受督者进行性挑逗；不会尝试做受督者的咨询师/治疗师；不会和受督者谈论与工作无关的私人问题；能够开放、适宜地讨论伦理问题；具有多元文化的胜任力。做得还不够好的地方：督导师没有定期查看受督者的录音录像；督导师在自己经验不足的案例上没有让受督者及时请教别人。国内社会工作领域对一对一督导的伦理研究还较少。

在一些研究中当实习社会工作者被问及督导师做了不符合规范的事情时他们会怎么看待，社会工作者认为这会影响他们对督导师的信任，也会影响督导联盟，还会影响受督者向督导师暴露自己信息的程度，也会影响到受督者的情绪，甚至会影响受督者从事专业领域工作的动机。这就让我们看到了督导师重任在肩。

督导师是受督者的伦理教师，从事督导工作的社会工作师应熟练掌握专业的伦理规范，并提醒受督者承担专业伦理责任和遵守伦理规范。这是督导师的重要责任之一。当然，在目前我国社会工作伦理守则不完善的情况下，作为督导师也有责任更积极主动地推动和参与制定更完善的伦理守则。

# 小 结

督导中的伦理涉及两个层面的含义：一方面是指督导师应该指导受督者遵循伦理，另一方面是指督导师在工作过程中自身应遵循的伦理。督导的目的一方面是促进受督者成为有效能的工作者，从伦理角度看就有专业胜任力与伦理的关系；另一方面督导要保障案主的利益及公众权益，就涉及服务的效果，也涉及伦理和法律层面。社会工作者做得好就可以使案主更多受益，这样就把督导与伦理、法律连接起来。

本章论述了督导工作中涉及的五个方面与伦理相关的议题：与胜任力有关的伦理议题、遇到双重关系或多重关系该如何处理、当遇到保密例外情况时该如何指导受督者处理、督导过程中应该如何进行保密、督导中与法律相关的伦理议题以及督导中多元文化的议题等。

# 附　录

## 社会工作者职业道德指引[①]

### 第一章　总　则

**第一条**　为加强社会工作者职业道德建设，保证社会工作者正确履行专业社会工作服务职责，根据国家有关规定，制定本指引。

**第二条**　本指引所指的社会工作者是指通过全国社会工作者职业水平评价，提供专业社会工作服务的人员。

**第三条**　社会工作者应热爱祖国、热爱人民、拥护中国共产党领导，遵守宪法和法律法规，贯彻落实党和国家有关方针政策。

**第四条**　社会工作者应践行社会主义核心价值观，遵循以人为本、助人自助专业理念，热爱本职工作，以高度的责任心，正确处理与服务对象、同事、机构、专业及社会的关系。

### 第二章　尊重服务对象　全心全意服务

**第五条**　社会工作者应以服务对象的正当需求为出发点，全心全意为服务对象提供专业服务，最大限度地维护服务对象的合法权益。

**第六条**　社会工作者应平等对待和接纳服务对象，不因民族、种族、性别、户籍、职业、宗教信仰、社会地位、教育程度、身体状况、财产状

---

① 《社会工作者职业道德指引》（民发〔2012〕240 号），中华人民共和国民政部官方网站发布，民政部制定的《社会工作者职业道德指引》于 2012 年 12 月 28 日正式向社会发布。本指引旨在推动社会工作者职业道德建设，引导社会工作者积极践行专业价值理念、规范专业服务行为、履行专业服务职责。

况、居住期限等因素而区别对待。

**第七条** 社会工作者应尊重服务对象知情权，确保服务对象在接受服务过程中，了解自身和机构的权利、责任和义务，以及获得服务的情况和可能由此产生的结果。

**第八条** 社会工作者应在不违反法律、不妨碍他人正当权益的前提下，保护服务对象的隐私，对在服务过程中获取的信息资料予以保密。

**第九条** 社会工作者应培养服务对象自我决定的能力，尊重和保障服务对象对与自身利益相关的决定进行表达和选择的权利。

**第十条** 社会工作者不得利用与服务对象的专业关系，谋取私人利益或其他不当利益，损害服务对象的合法权益。

## 第三章 信任支持同事 促进共同成长

**第十一条** 社会工作者应与同事建立平等互信的工作关系。

**第十二条** 社会工作者应主动与同事分享知识、经验、技能，互相促进，共同成长。有责任在必要时协助同事为服务对象提供服务，接受转介的工作。

**第十三条** 社会工作者应尊重其他社会工作者、专业人士和志愿者不同的意见及工作方法。任何建议、批评及冲突都应以负责任、建设性的态度沟通和解决。

**第十四条** 社会工作者应相互督促支持，对同事违反专业要求的言行予以提醒，对同事受到与事实不符的投诉予以澄清。

## 第四章 践行专业使命 促进机构发展

**第十五条** 社会工作者应认同机构使命和发展目标，遵守机构规章制度，按照机构赋予的职责开展专业服务。

**第十六条** 社会工作者应积极维护机构的形象和声誉，在发表公开言论或进行公开活动时，应表明自己代表的是个人还是机构。

**第十七条** 社会工作者应致力于推动机构遵循社会工作专业使命和价值观，促进机构成长、参与机构管理，增强服务能力、提高服务质量。

## 第五章 提升专业能力 维护专业形象

**第十八条** 社会工作者在提供专业服务时，应诚实、守信、尽责，积极维护专业形象。

社会工作者应在自身专业能力和服务范围内提供服务。

**第十九条** 社会工作者应不断内化和践行专业理念，持续充实专业知识和技能，提升专业能力，促进专业功能的发挥和专业地位的提升。

**第二十条** 社会工作者应继承中华民族优良传统，借鉴国际社会工作发展优秀成果，总结中国社会工作经验，推动中国特色社会工作发展。

## 第六章 勇担社会责任 增进社会福祉

**第二十一条** 社会工作者应运用专业视角，发挥专业特长，参与相关政策法规的制定和完善，维护社会公平正义，增进社会福祉。

**第二十二条** 社会工作者应正确鼓励、引导社会大众参与社会公共事务，推动社会建设。

**第二十三条** 社会工作者应推广专业服务，促进社会资源合理分配，使社会服务惠及社会大众。

## 第七章 附 则

**第二十四条** 本指引自发布之日起施行。

# 督导协议范例

## 一、督导目的

1. 监督和确保受督者的案主的利益和安全；
2. 保证专业人员的专业能力；
3. 促进受督者职业认同和能力发展；
4. 为受督者提供评估性反馈。

## 二、督导结构

1. 本督导师______，每____周提供______分钟的个别/小组督导。

2. 督导会谈的结构：

督导每进行____次为一个阶段，每个阶段结束时，督导师会对受督者做出阶段性评估报告，需要和受督者进行相互反馈。

（1）受督者应该至少提前____天准备好需要督导的工作资料，包括：

a. 上一次督导会谈后的反思记录；

b. 一次完整的工作会谈过程录像/录音；

c. 本次工作的个案记录表；

d. 每次进行____分钟的会谈录音逐字稿撰写，并进行转录分析；

e. 上次督导会谈后填写完的受督者评估量表；

f. 督导师布置的其他要求等。

（2）督导师需要：

a. 在每次督导后填写督导评估表，对受督者进行评估；

b. 提前阅读受督者提供的工作资料，并查阅所需的相关知识，做好督导准备；

c. 督导工作所需要的其他准备等。

3. 在督导期间对受督者的自我暴露有保密义务，同时对受督者提供的案主信息也有进一步保密的义务。

## 三、督导师的责任和义务

1. 承担为受督者提供服务的专业责任和义务；

2. 监督和管理案主个案概念化和服务计划，评估包括危机干预情况在内的所有方面：警告和保护义务，法律，道德和管理标准，多样化因素，受督者对案主的反应性和反移情管理，对督导关系的压力，以及确保受督者为案主提供有用的服务；

3. 对受督者所有的报告、案例记录和交流进行审查；

4. 维持和发展一段尊重和合作的督导关系；

5. 进行有效的督导，包括介绍督导师的理论取向，以及保持督导和对受督者的个人治疗之间的区别；

6. 帮助受督者设定和实现目标；

7. 为受督者的任务和能力提供反馈；

8. 提供连续的督导关系形成和结束的总结性评估；

9. 当受督者没有达到督导项目预期的能力标准时，应告知受督者，并采取补救措施来协助受督者的发展，如果受督者没有达到相应的能力水平，需要被执行的过程指南应当写进评估报告；

10. 公开自己培训、专业和专业知识的领域、先前督导培训和经历，以及自己之前曾被督导的领域；

11. 如果督导师必须取消会谈，至少需要____天提出，如果临时错过一次督导会谈，需要遵循本合同要求，重新安排时间进行补偿，不再额外收取费用；

12. 保留临床督导和提供服务的文献资料；

13. 如果督导师发现某个案超出了受督者的能力，督导师可以与受督者一起作为个案的协同社会工作者，或者把这个个案转介给另一名社会工作者，督导师的处理取决于案主的最佳利益。

## 四、受督者的责任和义务

1. 理解督导师对受督者专业实践和行为的义务（直接的和间接的）和责任；

2. 执行督导师的指令，当临床问题、关注点和错误出现时，暴露它们；

3. 识别案主的状态，每次按照督导师的要求提供服务录音文件和服务工作报告及录音转写材料，与督导师讨论临床工作的所有方面均需获得案主的知情同意，可以体现在社会工作服务协议中；

4. 参与督导讨论案例时，准备完整的案例记录和个案概念化，案主进展，临床和伦理问题，以及相关的实证研究文献；

5. 将案主的临床相关信息告知督导师，包括案主进展、风险情景、自我探索、受督者情绪反应或对患者的反移情等；

6. 将督导师的反馈整合到实践中，并每周给督导师提供关于案主和督导过程的反馈；

7. 在紧急情况下寻求和接受即时督导，督导师联系信息：__________

8. 如果受督者必须取消，需要至少提前____天提出申请，如果错过一次督导会谈，费用需要按照平时支付，并且督导师不再补该次会谈。

本合同正式将于______年____月____日执行，同时制定具体目标。

我们，________（受督者）和________（督导师）同意遵循本督导合同中所描述的条款，并且保证我们的行为符合《社会工作者职业道德指引》。

# 督导问卷调查（受督者使用）

1. 你如何评定接受的督导的质量？

| 4 | 3 | 2 |
|---|---|---|
| 很好 | 好 | 一般 |

2. 你是否得到了你所期望的督导？

| 1 | 2 | 3 |
|---|---|---|
| 肯定没有 | 没有 | 基本上是的 |

3. 督导在多大程度上满足了你的需要？

| 4 | 3 | 2 |
|---|---|---|
| 几乎全部需要得到满足 | 大部分需要得到满足 | 仅一小部分需要得到满足 |

4. 如果一个朋友需要督导，你会向他推荐这位督导吗？

| 1 | 2 | 3 |
|---|---|---|
| 肯定不会 | 不会 | 会 |

5. 你对你接受的督导的数量有多满意？

| 1 | 2 | 3 |
|---|---|---|
| 非常不满意 | 无所谓，或不太满意 | 大部分满意 |

6. 你接受的督导，是否有助于你更有效地承担一名咨询师或治疗师的角色？

| 4 | 3 | 2 |
|---|---|---|
| 肯定是 | 一般 | 不是 |

7. 总体上讲，你对你接受的督导有多满意？

| 4 | 3 | 2 |
|---|---|---|
| 非常满意 | 大部分满意 | 无所谓，或者不太满意 |

8. 如果你将再次寻求督导，你会回来找这位督导师吗？

| 1 | 2 | 3 |
|---|---|---|
| 肯定不会 | 不会 | 会的 |

以各项数字总和计分。

由 N. Ladany，C. E. Hill，E. A. Nut（1996）编制，转引自 Janine M. Bernard & Rodney K. Goodyear，2005。

# 团体督导量表（受督者使用）

下面的每一项中，在最能描述你和你的团体督导师的体验的数字上画圈，用五点评分法来评定。1 代表非常反对，5 代表非常赞同。

1. 督导师提供了关于我的技能和干预的有用反馈。 1 2 3 4 5
2. 督导师提供了关于案主治疗的有用建议和信息。 1 2 3 4 5
3. 督导师推动我建设性地探索与案主进行工作的思想和技术。 1 2 3 4 5
4. 督导师提供了关于案例概念化和诊断的有用信息。 1 2 3 4 5
5. 督导师帮助我理解和阐明案主的中心问题。 1 2 3 4 5
6. 督导师帮助我理解案主的思想、情感和行为。 1 2 3 4 5
7. 督导师恰当地鼓励受督者的自我探索。 1 2 3 4 5
8. 督导师使我能表达关于咨询的观点、问题和关注点。 1 2 3 4 5
9. 督导师为团体督导建立了一个安全的环境。 1 2 3 4 5
10. 督导师密切关注团体的动力过程。 1 2 3 4 5
11. 督导师有效地为团体设定限制并制定规范和界限。 1 2 3 4 5
12. 督导师给团体提供了有益的领导作用。 1 2 3 4 5
13. 督导师鼓励受训者互相提供反馈。 1 2 3 4 5
14. 督导师在合适的时候改变讨论的方向。 1 2 3 4 5
15. 督导师在全部团体成员之间很好地安排了时间。 1 2 3 4 5
16. 督导师在团体督导中提供了足够的结构。 1 2 3 4 5

评分标准：团体安全性评分：第 7—10 和 13 项，分数总和，除以 5。

技能发展和案例概念化评分：第 1—6 项的分数总和，除以 6。

专题管理评分，第 11、12、15 和 16 项的分数总和，除以 4。

由 F. Arcinue（2002）编制。转引自 Janine M. Bernard & Rodney K. Goodyear，2005。

# 工作同盟问卷（WAQ）（求助者使用）

尊敬的案主：您好。

本问卷的题目描述的是您对现阶段工作会谈可能有的看法或感受，请您根据真实情况，请在符合您目前咨询实际情况的数字前的圆圈打钩（√）。本问卷仅用于研究，不会影响到您和社会工作者（以下简称社工）的工作进展。

1. 我和社工对工作目标的看法是一致的。

1 很少　　2 有时　　3 经常　　4 大部分时候　　5 总是

2. 我喜欢我的社工。

1 很少　　2 有时　　3 经常　　4 大部分时候　　5 总是

3. 社工所关注的正是我希望解决的问题。

1 很少　　2 有时　　3 经常　　4 大部分时候　　5 总是

4. 我主动与社工交流我对咨询的想法和感受。

1 很少　　2 有时　　3 经常　　4 大部分时候　　5 总是

5. 我们在咨询中所做的事情有助于实现我想要的改变。

1 很少　　2 有时　　3 经常　　4 大部分时候　　5 总是

6. 在会谈之外的时间，我会思考咨询中谈到的内容。

1 很少　　2 有时　　3 经常　　4 大部分时候　　5 总是

7. 和我的社工在一起，感觉很安全。

1 很少　　2 有时　　3 经常　　4 大部分时候　　5 总是

8. 我尝试将咨询中的收获应用于生活中。

1 很少　　2 有时　　3 经常　　4 大部分时候　　5 总是

9. 会谈中，我和社工一起动脑子，想办法。

1 很少　　2 有时　　3 经常　　4 大部分时候　　5 总是

10. 我的社工能接受我哪怕是消极的想法和感受。

1 很少　　2 有时　　3 经常　　4 大部分时候　　5 总是

11. 我清楚我们要如何达到目标。

1 很少　　2 有时　　3 经常　　4 大部分时候　　5 总是

12. 即使我的社工不赞成我所做的事情，他也一样关心我。

1 很少　　2 有时　　3 经常　　4 大部分时候　　5 总是

根据朱旭、江光荣 2011 年编制的工作同盟问卷（WAQ）改编。

# 受督者评估量表（受督者使用）

## 一、督导效益

| 这位督导 | 非常不同意 | 不同意 | 同意 | 非常同意 | 无法回答 |
|---|---|---|---|---|---|
| 1. 能利用督导师与受督者的关系，示范咨询的原则与技巧。 | □ | □ | □ | □ | □ |
| 2. 能协助我采取不同的角度来形成对当事人的概念。 | □ | □ | □ | □ | □ |
| 3. 能协助我实验不同的评估方法和处理技术以发现我自己独特的风格。 | □ | □ | □ | □ | □ |
| 4. 能适时给予我心理支持与回馈。 | □ | □ | □ | □ | □ |
| 5. 能协助我理解并领会个案的问题及其成因。 | □ | □ | □ | □ | □ |
| 6. 能鼓励我评估自己的优点及弱点。 | □ | □ | □ | □ | □ |
| 7. 能在我的个案有紧急状况发生时提供咨询。 | □ | □ | □ | □ | □ |
| 8. 能与我维持单纯的督导关系，而不解决我个人的问题。 | □ | □ | □ | □ | □ |

| 请以此次督导经验填答下列问题，经过此次督导后我更能： | | | | | |
|---|---|---|---|---|---|
| 1. 整合不同信息及数据而建立清楚的概念化架构。 | □ | □ | □ | □ | □ |
| 2. 以实务的角度去整合理论。 | □ | □ | □ | □ | □ |
| 3. 运用理论架构来进行个案概念化。 | □ | □ | □ | □ | □ |
| 4. 以事实评估为基础陈述出“个案评估”。 | □ | □ | □ | □ | □ |
| 5. 增进自己咨询评估技巧与理论的驾驭。 | □ | □ | □ | □ | □ |
| 6. 从不同之方向思考个案之问题。 | □ | □ | □ | □ | □ |
| 7. 掌握不同性质之个案。 | □ | □ | □ | □ | □ |
| 8. 我更能根据个别差异来建构服务目标及策略。 | □ | □ | □ | □ | □ |

9. 我更能依照服务目标及计划决定介入技巧。 □□□□□
10. 我更能运用基本助人技巧相关能力。 □□□□□
11. 我更能在必要时转介个案去找其他专业人士。 □□□□□
12. 我更能察觉自己与个案互动的模式。 □□□□□
13. 我更能察觉并敏感于个案改变的历程。 □□□□□
14. 我更能对自己的专业发展及个人发展有敏感度。 □□□□□
15. 我更能看到自己在社会工作服务时的盲点。 □□□□□
16. 我更能看到自己在社会工作服务时的特色（风格）。 □□□□□
17. 我更能达到个人之成长。 □□□□□
18. 我更能达到专业之成长。 □□□□□
19. 我更能评估自己的优缺点对助人效能的影响。 □□□□□
20. 我能与个案建立更良好的工作关系以助其改变。 □□□□□
21. 我更能察觉工作关系对个案的影响。 □□□□□
22. 我更能有效地发展并运用工作关系（如移情、反移情）。 □□□□□
23. 我更能有效处理工作关系中的冲突与困境（如依赖、冲突、不信任、操控等）。 □□□□□

**二、受督者自评**

1. 我能适切地进行晤谈。 □□□□□
2. 我能评估个案问题的严重性。 □□□□□
3. 我能运用并解释测验所获得的讯息。 □□□□□
4. 必要时我能做适当转介。 □□□□□
5. 我能有效处理危机状况。 □□□□□
6. 我能遵照处理个案之程序（如准时、做记录、追踪个案状况）。 □□□□□
7. 我能对个案显现出支持、反应与指导技巧。 □□□□□
8. 我能注意到伦理/法律问题。 □□□□□

**三、督导经验**

1. 我乐于接受督导。 □□□□□
2. 我在督导前有适当的准备。 □□□□□

3. 我能接受随着学习而来的责任及义务。 □□□□□
4. 我能接受督导师之回馈及建议。 □□□□□
5. 我能接纳自我并适当地自我批评。 □□□□□
6. 我能判断自我并适当地采纳督导师之意见。 □□□□□
7. 我能感受到督导提供之情绪支持与鼓励。 □□□□□
8. 我认为这份督导关系是有建设性的（如自然、真诚、温暖）。
□□□□□
9. 我认为督导师所提供的督导协助，符合我最初寻找督导时的期望。
□□□□□

**四、其他意见**

1. 以我被督导的经验而言，我的感想与看法是：

2. 其他补充

受督者：

督导师：

日期：

来自中国心理学会临床与咨询心理学注册系统。

# 效果评定量表（求助者使用）

姓　　名：________　　年龄：________　　性别：________
工作次数：________　　日期：________
填表人是否为案主本人？是________否________
如果选择否，请填写您与案主的关系：________

请您回顾过去一周（包括今天）的生活状况，以便我们在以下几个方面了解您的生活状况，请在相应的数字上画“√”标出你的状况，横线从0—10，最左侧0表示情况最糟糕，横线最右侧10表示状态最佳，如果您是为他人填写此表，请根据您对此人的了解填写他/她的情况。

1. 个体情况，指个人身心状况。

0　1　2　3　4　5　6　7　8　9　10

2. 人际关系，指与家庭或任何亲密关系的人。

0　1　2　3　4　5　6　7　8　9　10

3. 生活社交，指工作、学校、朋友等。

0　1　2　3　4　5　6　7　8　9　10

4. 整体状况。

0　1　2　3　4　5　6　7　8　9　10

注：该表格在每次个案会谈前由求助者填写，总分为四个项目得分之和，目的是测量案主的各项功能。

效果评定量表（Outcome Rating Scale，ORS）是评估会谈效果的自评量表。ORS通过当事人对自身幸福感的评定来评估会谈效果，四个条目来自OQ-45的三个方面以及当事人对其整体机能的评定（Miller，et. Al.，2003）。

# 会谈评定量表（求助者使用）

姓名：________ 工作次数：________ 日期：________

请通过下列的等级线来评估今天的会谈体验。等级线的左右两端代表两种不同的体验。请在相应的数字上画“√”标出你的状况，横线从0—10，如果你的标记“√”越往左，表示你越同意左端的体验。如果你的标记越往右，表示你越同意右端的体验。

1. 我和咨询师的关系

我觉得咨询师不仔细听我讲话、不了解我、不尊重我。 —— 我觉得咨询师仔细听我讲话、了解我、尊重我。

0 1 2 3 4 5 6 7 8 9 10

2. 会谈的目标和内容

我们没有谈到我想谈的，也没有做我想做的。 —— 我们谈了我想谈的，也做了我想做的。

0 1 2 3 4 5 6 7 8 9 10

3. 会谈方式

咨询师的交谈方式不适合我。 —— 咨询师的交谈方式适合我。

0 1 2 3 4 5 6 7 8 9 10

4. 整体方面

我对今天的会谈感到很不满意。 —— 我对今天的会谈感到很满意。

0 1 2 3 4 5 6 7 8 9 10

会谈评定量表（Session Rating Scale，SRS）测量当事人感受到的工作同盟的质量，共 4 个条目，前 3 个条目来自 Bordin（1979）界定的工作同盟的三个方面，分别为“我和咨询师的关系”“会谈的目标和内容”“会谈方式”（Duncan et. al.，2003），第 4 个条目基于 Hatcher 和 Barend（1996）工作同盟的合作自信和对会谈整体的评估。

# 督导师的自我评估（督导师使用）

| 评估内容 | 初学者 | | 有能力 | | 专家 |
|---|---|---|---|---|---|
| | 1 | 2 | 3 | 4 | 5 |
| 1 知识 | | | | | |
| 1.1 了解督导的目的 | 1 | 2 | 3 | 4 | 5 |
| 1.2 了解督导的界限 | 1 | 2 | 3 | 4 | 5 |
| 1.3 了解以下要素： | 1 | 2 | 3 | 4 | 5 |
| 管理的 | 1 | 2 | 3 | 4 | 5 |
| 教育的 | 1 | 2 | 3 | 4 | 5 |
| 支持的 | 1 | 2 | 3 | 4 | 5 |
| 1.4 知道各种不同的督导契约 | 1 | 2 | 3 | 4 | 5 |
| 2 知识的管理技巧 | | | | | |
| 2.1 能够对受督者解释督导的目的 | 1 | 2 | 3 | 4 | 5 |
| 2.2 能够协商一个双方完全同意并清楚的契约 | 1 | 2 | 3 | 4 | 5 |
| 2.3 能够维持适当的界限 | 1 | 2 | 3 | 4 | 5 |
| 2.4 能够营造督导的气氛是： | 1 | 2 | 3 | 4 | 5 |
| 同理的 | 1 | 2 | 3 | 4 | 5 |
| 真诚的 | 1 | 2 | 3 | 4 | 5 |
| 一致的 | 1 | 2 | 3 | 4 | 5 |
| 值得信任的 | 1 | 2 | 3 | 4 | 5 |
| 立即性的 | 1 | 2 | 3 | 4 | 5 |
| 2.5 在管理、教育、支持的功能上，能够维持平衡 | 1 | 2 | 3 | 4 | 5 |
| 2.6 能够准时地、恰当地结束一次督导会谈 | 1 | 2 | 3 | 4 | 5 |
| 3 督导的介入技巧 | | | | | |
| 3.1 能够使用以下的介入策略： | 1 | 2 | 3 | 4 | 5 |
| 外放性的 | 1 | 2 | 3 | 4 | 5 |

| | | | | | |
|---|---|---|---|---|---|
| 教育性的 | 1 | 2 | 3 | 4 | 5 |
| 面质性的 | 1 | 2 | 3 | 4 | 5 |
| 催化性的 | 1 | 2 | 3 | 4 | 5 |
| 洗涤性的 | 1 | 2 | 3 | 4 | 5 |
| 支持性的 | | | | | |
| 3.2 能够运用以下方式 | | | | | |
| 给予回馈： | 1 | 2 | 3 | 4 | 5 |
| 清楚的 | 1 | 2 | 3 | 4 | 5 |
| 自己负责的 | 1 | 2 | 3 | 4 | 5 |
| 平衡的 | 1 | 2 | 3 | 4 | 5 |
| 具体的 | 1 | 2 | 3 | 4 | 5 |
| 3.3 能够有效聚焦于： | 1 | 2 | 3 | 4 | 5 |
| 报告的内容 | 1 | 2 | 3 | 4 | 5 |
| 受督者的介入策略 | 1 | 2 | 3 | 4 | 5 |
| 受督者与个案的关系 | 1 | 2 | 3 | 4 | 5 |
| 受督者的情感反移情 | 1 | 2 | 3 | 4 | 5 |
| 督导关系 | 1 | 2 | 3 | 4 | 5 |
| 自己的情感反移情 | 1 | 2 | 3 | 4 | 5 |
| 整体的脉络 | 1 | 2 | 3 | 4 | 5 |
| 3.4 能够描述自己工作的方式 | 1 | 2 | 3 | 4 | 5 |
| 3.5 能够适当提供自己的经验 | 1 | 2 | 3 | 4 | 5 |
| 3.6 能够发展出受督者的自我督导技巧 | 1 | 2 | 3 | 4 | 5 |
| 4 人格特质或特色 | 1 | 2 | 3 | 4 | 5 |
| 4.1 能够认同督导师的角色 | 1 | 2 | 3 | 4 | 5 |
| 4.2 能够接受督导角色中具有的权威性 | 1 | 2 | 3 | 4 | 5 |
| 4.3 能够鼓励、引发动机，并带有 | | | | | |
| 适当的乐观 | 1 | 2 | 3 | 4 | 5 |
| 4.4 能够对受督者的需求保持敏感 | 1 | 2 | 3 | 4 | 5 |
| 4.5 能够了解并适应源于下列因素的个别差异： | 1 | 2 | 3 | 4 | 5 |
| 性别 | 1 | 2 | 3 | 4 | 5 |
| 年龄 | 1 | 2 | 3 | 4 | 5 |
| 文化与种族的背景 | 1 | 2 | 3 | 4 | 5 |

| | | | | | |
|---|---|---|---|---|---|
| 阶级 | 1 | 2 | 3 | 4 | 5 |
| 性取向 | 1 | 2 | 3 | 4 | 5 |
| 人格 | 1 | 2 | 3 | 4 | 5 |
| 专业训练 | 1 | 2 | 3 | 4 | 5 |
| 4.6 幽默感 | 1 | 2 | 3 | 4 | 5 |
| 5 愿意追求个人持续的发展 | | | | | |
| 5.1 自己持续接受督导 | 1 | 2 | 3 | 4 | 5 |
| 5.2 愿意增进自己的实务工作及督导的技巧与知识 | 1 | 2 | 3 | 4 | 5 |
| 5.3 了解自己的限制，并能认识自己在督导角色上的优缺点 | 1 | 2 | 3 | 4 | 5 |
| 5.4 定期接受下列人员的回馈： | 1 | 2 | 3 | 4 | 5 |
| 受督者 | 1 | 2 | 3 | 4 | 5 |
| 同辈 | 1 | 2 | 3 | 4 | 5 |
| 自己的资深督导师/顾问/资深工作人员 | 1 | 2 | 3 | 4 | 5 |
| 6 对于作为团体的督导者 | | | | | |
| 6.1 具备团体动力的相关知识 | 1 | 2 | 3 | 4 | 5 |
| 6.2 能够运用团体的历程来协助督导的过程 | 1 | 2 | 3 | 4 | 5 |
| 6.3 能够处理团体中的竞争关系 | 1 | 2 | 3 | 4 | 5 |
| 7 对于作为资深的督导师 | | | | | |
| 7.1 能够督导跨专业领域的主题 | 1 | 2 | 3 | 4 | 5 |
| 7.2 能够督导与机构有关的主题 | 1 | 2 | 3 | 4 | 5 |
| 7.3 具备团队阶段与组织发展的知识 | 1 | 2 | 3 | 4 | 5 |
| 7.4 能够让潜在的（或私下的）重要团队与组织文化浮上台面 | 1 | 2 | 3 | 4 | 5 |
| 7.5 能够促进机构的转变 | 1 | 2 | 3 | 4 | 5 |
| 7.6 能够创造出有助于督导发展的机构文化 | 1 | 2 | 3 | 4 | 5 |

由 Hawkins & Shohet（2003）编制，转引自李晓凤，2016。

# 助人者胜任力评估表（督导师使用）

本评估表编译自美国心理学会（American Psychological Association，APA）的咨询师基准胜任力评估表，在简单心理专业学术团队翻译整理的基础上调整为适合社会工作者的表述内容，供辅助参考进行社会工作师胜任力的评估。

使用说明：

1. 关于胜任力特质内容

该表格共包含6方面助人者胜任特质，共16项核心特质，共55道题目。机构、培养项目可根据资深特性或培养侧重点，选择适合自身情况的特质。

2. 关于表格使用方法

APA原始版本中为0—4的李克特5点量表，督导师/评估者根据了解到的情况进行表现频率的评分，0——从未表现过、1——有时候、2——经常、3——较为频繁、4——总是。其中，分值越高，表明在该方面表现越好。

在单次评估时，采用-2到2的5点评分，督导师/评估者根据了解到的情况进行满意程度的评分，-2——非常不满意，-1——不太满意，0——表现一般，1——很满意，2——非常满意。其中，分值越高，表明该方面表现越好；分值为负，表明该方面表现不达标。如果督导师/观察者没有机会观察到栏内描述的相关表现，请选择［N/O］（没有机会观察）。

**基本信息**

助人者姓名：　　　　　　　　　　评估人（督导师）：

1 基本能力——专业方面

1.1 专业价值观和态度：专业工作中的行为举止能反映出社会工作者的态度和价值观。

1.1.1 职业操守：在职业价值观和操守受到挑战时，能够自我监督和独立应对。

a. 非常不满意　　b. 不太满意　　c. 一般
d. 比较满意　　e. 非常满意　　f. 没有机会观察

1.1.2 行为举止：在不同场合下都能表现出专业的举止，包括恰当的沟通和行为举止（包括着装）。

a. 非常不满意　　b. 不太满意　　c. 一般
d. 比较满意　　e. 非常满意　　f. 没有机会观察

1.1.3 责任心：在不同场合和情境下能够独立地承担个人责任。

a. 非常不满意　　b. 不太满意　　c. 一般
d. 比较满意　　e. 非常满意　　f. 没有机会观察

1.1.4 为他人的福祉考虑：能够自主地保障他人的福祉。

a. 非常不满意　　b. 不太满意　　c 一般
d. 比较满意　　e. 非常满意　　f. 没有机会观察

1.1.5 职业身份：能够展现出社会工作专业服务人员的职业身份，了解领域内核心知识，能够整合科学理论与实践。

a. 非常不满意　　b. 不太满意　　c. 一般
d. 比较满意　　e. 非常满意　　f. 没有机会观察

1.2 个体和文化多元性：与不同特征、文化和背景的个体、团体、社区工作时，具有觉察、敏感性和技巧。

1.2.1 个体和文化多元背景下的自我（例如，文化差异和个体差异，包括性别、年龄、性别认同、民族、文化、宗教、性取向、语言、社会经济地位）：在评估、服务和督导中，具有文化有关的觉察和知识，能够将与文化多元性各种维度（例如，文化差异和个体差异）有关的知识、技能和态度运用在专业工作中。

a. 非常不满意　　b. 不太满意　　c. 一般
d. 比较满意　　e. 非常满意　　f. 没有机会观察

1.3 伦理、法律标准和政策：在涉及个体、团体和机构的工作中应用伦理概念，具备法律意识。

1.3.1 具备伦理、法律、职业标准守则的知识：深入了解伦理规范、行为准则和其他相关的伦理、法律和职业标准。

a. 非常不满意　　b. 不太满意　　c. 一般
d. 比较满意　　e. 非常满意　　f. 没有机会观察

1.3.2 了解并能够作出伦理决策：在专业工作中能够独立运用伦理决

策模型（在遇到伦理问题时，系统的决策过程及具体步骤）。

a. 非常不满意　　b. 不太满意　　c. 一般

d. 比较满意　　e. 非常满意　　f. 没有机会观察

1.3.3 伦理行为：在胜任范围内，与伦理和法律标准保持一致。

a. 非常不满意　　b. 不太满意　　c. 一般

d. 比较满意　　e. 非常满意　　f. 没有机会观察

1.4 反思性实践/自我照顾：具有个体和职业的自我觉察和反思；对自己的能力范围有觉察；能够适当地照顾自己。

1.4.1 反思性实践：表现出对专业实践的反思；在反思的基础上行动。

a. 非常不满意　　b. 不太满意　　c. 一般

d. 比较满意　　e. 非常满意　　f. 没有机会观察

1.4.2 自我评估：能够准确评估自己的能力范围；将自我评估应用于实践中；认识到知识和技能的局限性并采取措施；制订后续计划，加强自己的知识/技能。

a. 非常不满意　　b. 不太满意　　c. 一般

d. 比较满意　　e. 非常满意　　f. 没有机会观察

1.4.3 自我照顾（注意个人身心健康以确保专业工作的有效性）：能够把握与自我照顾相关的问题，并在发生状况时及时干预。

a. 非常不满意　　b. 不太满意　　c. 一般

d. 比较满意　　e. 非常满意　　f. 没有机会观察

1.4.4 参与督导过程：在需要的时候能够主动寻求督导。

a. 非常不满意　　b. 不太满意　　c. 一般

d. 比较满意　　e. 非常满意　　f. 没有机会观察

2 基本能力——关系方面

2.1 关系：与个体、团体和/或者社区建立有效的、有意义的关系。

2.1.1 人际关系：能够与各类案主、同事、机构和社区发展并维持相应的关系。

a. 非常不满意　　b. 不太满意　　c. 一般

d. 比较满意　　e. 非常满意　　f. 没有机会观察

2.1.2 情感技巧：能够应对有难度的沟通；拥有非常好的人际交往技巧。

a. 非常不满意　　b. 不太满意　　c. 一般

d. 比较满意　　e. 非常满意　　f. 没有机会观察

2.1.3 表达技巧：言语、非言语和书面信息要清晰、有条理、简洁和完整，表现出对专业表达和概念的全面把握。

a. 非常不满意　　b. 不太满意　　c. 一般

d. 比较满意　　e. 非常满意　　f. 没有机会观察

3 基本能力——科学方面

3.1 科学知识和方法：了解研究、研究方法、数据收集和分析技术、行为的生理基础、行为的认知情绪基础和人生的发展过程；尊重科学研究获得的知识。

3.1.1 科学的思维：能够将科学的方法应用于实践。

a. 非常不满意　　b. 不太满意　　c. 一般

d. 比较满意　　e. 非常满意　　f. 没有机会观察

3.1.2 社会学和心理学的科学基础：能够表现出对于社会学和心理学科学基础的了解（例如，行为、生理、社会影响的科学基础）。

a. 非常不满意　　b. 不太满意　　c. 一般

d. 比较满意　　e. 非常满意　　f. 没有机会观察

3.1.3 专业实践的科学基础：能够将有关科学基础的知识和理解应用于实践中。

a. 非常不满意　　b. 不太满意　　c. 一般

d. 比较满意　　e. 非常满意　　f. 没有机会观察

3.2 研究/评估：开展对于专业知识基础有贡献的研究，评估不同专业活动的有效性。

3.2.1 具备研究/评估的科学素养：有条件时，有效地参与科学研究；寻找、应用和评估与社会学和心理学应用有关的理论和研究知识，并培养相应技巧和习惯；创造知识。

a. 非常不满意　　b. 不太满意　　c. 一般

d. 比较满意　　e. 非常满意　　f. 没有机会观察

3.2.2 将科学的方法应用于研究/评估：使用科学的方法评估执业、干预及项目。

a. 非常不满意　　b. 不太满意　　c. 一般

d. 比较满意　　e. 非常满意　　f. 没有机会观察

4 功能胜任力——应用

4.1 循证实践：综合考虑来访者的因素、临床研究和临床专业能力所得的最佳实践方案。

循证实践的知识和应用：能够运用循证实践的知识（包括来自评估结果、干预效果、临床专业能力、来访者偏好及其他心理学应用的经验基础）。

a. 非常不满意　　b. 不太满意　　c. 一般
d. 比较满意　　e. 非常满意　　f. 没有机会观察

4.2 评估：对个人、团体或者机构的问题、能力及其他相关问题进行诊断和评估。

4.2.1 心理测量的知识：能够针对不同的个体、夫妻、家庭、团体和情境选择和实施不同的方式方法进行评估。

a. 非常不满意　　b 不太满意　　c. 一般
d. 比较满意　　e. 非常满意　　f. 没有机会观察

4.2.2 评估方法的知识：能够了解不同诊断方法的优点和局限，在诊断和咨询方案的制订中结合多个测量结果。

a 非常不满意　　b. 不太满意　　c. 一般
d. 比较满意　　e. 非常满意　　f. 没有机会观察

4.2.3 评估方法的应用：能够恰当地选择并将多种评估工具应用在合适的机构和实践领域中，并将结果结合到对所呈现的问题的评估中。

a. 非常不满意　　b. 不太满意　　c. 一般
d. 比较满意　　e. 非常满意　　f. 没有机会观察

4.2.4 诊断技能：能够结合人类发展阶段特点和多元文化背景，以及个案概念化和诊断来制订干预方案。

a. 非常不满意　　b. 不太满意　　c. 一般
d. 比较满意　　e. 非常满意　　f. 没有机会观察

4.2.5 概念化和建议：能够根据评估的结果对个案多个方面的情况进行准确的概念化。

a. 非常不满意　　b. 不太满意　　c. 一般
d. 比较满意　　e. 非常满意　　f. 没有机会观察

4.2.6 交流评估结果：能够将结果以书面或者语言的形式，清晰、准确、有条理、恰当地表达出来。

a. 非常不满意　　b. 不太满意　　c. 一般

d. 比较满意　　　　e. 非常满意　　　　f. 没有机会观察

4.3 干预：针对个体、团体和/或其他机构，设计减轻痛苦，提升身心健康的干预。

4.3.1 制订干预计划：能够独立制订干预方案；针对个案具体的情况和背景进行概念化并制订干预方案。

a. 非常不满意　　　　b. 不太满意　　　　c. 一般

d. 比较满意　　　　e. 非常满意　　　　f. 没有机会观察

4.3.2 技能：能够在与多种多样的案主工作中表现出临床专业技能，即使是意外或困难的情境也能很好地判断。

a. 非常不满意　　　　b. 不太满意　　　　c. 一般

d. 比较满意　　　　e. 非常满意　　　　f. 没有机会观察

4.3.3 干预实施：实施干预时要准确、灵活、适当地运用实证模型。

a 非常不满意　　　　b. 不太满意　　　　c. 一般

d. 比较满意　　　　e. 非常满意　　　　f. 没有机会观察

4.3.4 过程评估：能够独立评估咨询进程，并按照结果测量的指示，甚至在缺少结果测量时，对咨询方案进行调整。

a. 非常不满意　　　　b. 不太满意　　　　c. 一般

d. 比较满意　　　　e. 非常满意　　　　f. 没有机会观察

综合评估意见：

# 国家督学聘任管理办法（暂行）

（教育部文件教督〔2006〕4号文）

## 第一章　总　则

**第一条**　为加强国家督学队伍建设，提高教育督导工作水平，促进教育事业健康发展，根据《中华人民共和国教育法》制定本办法。

**第二条**　国家督学是由教育部聘任的依法执行教育督导公务的人员。

**第三条**　国家督学应由具有教育经费保障、教育设施设备、教师队伍建设、学校教育教学等业务专长的人员构成。

**第四条**　国家督学的聘任工作依照规定的任职条件和程序进行。

**第五条**　国家督学分为专职督学和兼职督学。聘任兼职国家督学以在职人员为主，以退休人员为辅。

## 第二章　任职条件

**第六条**　国家督学应当符合下列基本条件：

（一）坚持党的基本路线，热爱社会主义教育事业；

（二）熟悉有关教育法律、法规、方针、政策，具有较强的业务能力，工作实绩突出；

（三）具有较强的组织协调能力和较强的口头与书面表达能力；

（四）具有大学本科以上学历或同等学力，从事教育管理或者教学、研究工作10年以上；

（五）行政机关副厅级及以上，或具有中小学特级教师称号，高等学校和科研机构等正高级专业技术职务；

（六）坚持原则，办事公道，品行端正，廉洁自律；

（七）身体健康，能够保证履行国家督学职责和完成任务所必需的时间。

**第七条**　退休人员拟聘国家督学职务的人选在退休前应符合第六条基本条件的相应要求。

**第八条** 初聘国家督学人选年龄不得超过61周岁，续聘国家督学人选年龄不得超过63周岁。

**第九条** 国家督学每届任期3年，续聘一般不得超过三届。

国家督学任期届满，自动解聘。

## 第三章 聘任

**第十条** 教育部设立国家督学聘任审查委员会。

（一）国家督学聘任审查委员会由11位委员组成，由教育部总督学负责。委员会成员由具有较高政策水平和业务能力、作风正派、办事公道的行政人员和专家组成。

聘任审查委员会具体事务由国家教育督导团办公室承办。

（二）国家督学聘任审查委员会按照规定程序开展工作。

**第十一条** 国家督学的产生实行差额推荐。实聘人数与推荐人数的比例为1：1.2。

**第十二条** 国家督学人选推荐程序：

（一）教育部根据聘任国家督学人数和专业分类要求，确定推荐国家督学的单位和人数。

（二）被确定的单位根据国家督学任职条件和推荐要求，研究推荐国家督学人选。各省、自治区、直辖市推荐国家督学人选中应有一位分管教育督导工作的厅局级负责人或专职的厅局级督学。

（三）被推荐的国家督学人选必须由本人提出申请，并按要求填写《国家督学申请表》。

（四）各单位对推荐对象的基本条件进行审核和综合评价，提出推荐意见，按要求将国家督学推荐人选名单和《国家督学申请表》加盖公章后报送教育部。

**第十三条** 国家督学聘任审查委员会按照规定程序和聘任条件对国家督学推荐人选进行审查，以无记名方式投票确定国家督学拟聘人选。

教育部将国家督学聘任审查委员会审查确定的拟聘人选名单在教育部网站上予以公示，公示期为10天。

公示期满无异议的拟聘人选，由国家督学聘任审查委员会报教育部审批聘任，颁发国家督学聘任证书。

**第十四条** 国家督学可向教育部提出书面申请辞去国家督学职务，教育部批准后向社会公布，并通知推荐单位。

**第十五条** 国家督学有下列情形之一的，教育部对其解聘：

（一）不履行国家督学职责的；

（二）一年内未参加国家教育督导团安排的教育督导活动的；

（三）在督导活动中造成不良影响的；

（四）受到行政处分、刑事处罚的。

解聘国家督学时，要向所在单位通报，以书面形式通知本人，在教育部网站发布公告。

## 第四章 职责与权利

**第十六条** 国家督学应当履行以下职责：

（一）检查国家教育法律、法规和规章的贯彻落实情况；

（二）指导学校按照教育方针和教育教学规律办学；

（三）撰写教育督导报告；

（四）参与研究制订教育督导文件；

（五）对教育决策提出咨询建议；

（六）完成国家教育督导团交办的其他任务。

国家督学应当接受督学岗位培训。

**第十七条** 国家督学在教育督导活动中享有以下权利：

（一）听取被督导单位报告情况，查阅相关文件、资料，对有关情况进行调查；

（二）参加被督导单位的教育、教学活动，列席有关会议；

（三）遇到危及师生人身安全、侵犯师生合法权益、扰乱正常教学秩序等紧急事态立即予以制止，及时向有关部门提出处置的意见；

（四）向有关部门提出对被督导单位负责人的奖惩建议；

（五）依照规定获得国家督学职务津贴。

**第十八条** 国家督学在参加国家教育督导活动时应实行异地回避制度。

**第十九条** 国家督学参加国家教育督导团组织的教育督导活动，所需工作经费由教育部负责提供。

**第二十条** 教育部接受并受理对国家督学聘任过程中不当行为的举报，一经查实，将依照有关规定严肃处理，并建议有关部门追究当事人的责任。

# 北京市兼职督学聘任管理办法（暂行）

（京督导〔2008〕5号）

**第一条** 为适应新时期教育督导工作的新形势，加强兼职督学队伍建设，提高教育督导工作水平，依据《北京市教育督导规定》及有关规定，制定本办法。

**第二条** 北京市兼职督学是由市政府教育督导室根据工作需要聘任的依法执行教育督导公务的兼职人员。市政府教育督导室向受聘兼职督学颁发督学证。

**第三条** 兼职督学应当符合下列基本条件：

（一）遵守宪法和法律，坚持党的基本路线，热爱社会主义教育事业；

（二）熟悉国家教育法律、法规、方针、政策，有较高的理论和政策水平，具有较强的业务能力；

（三）具有较强的组织协调能力、文字写作能力、综合分析能力以及沟通表达能力；

（四）具有大学本科（含同等学力）以上学历，且从事教育管理或者教育、教学研究工作10年以上；

（五）行政机关担任副处级及以上职务，具有较丰富的行政管理经验；或具有学校和科研机构等高级专业技术职务或担任中小学校长，有较高的教育教学管理水平和业务能力；

（六）遵纪守法，品行端正，实事求是，坚持原则，作风正派，办事公道，廉洁自律；

（七）初聘兼职督学人选年龄不得超过61周岁，续聘兼职督学人选年龄不得超过63周岁；

（八）身体健康，能够保证履行督学职责。

**第四条** 兼职督学每届任期2年，续聘一般不得超过二届。

兼职督学任期届满，自动解聘。

**第五条** 兼职督学的聘任程序

市政府教育督导室根据聘任兼职督学人数和专业分类要求，确定推荐兼职督学的单位和人数。遴选兼职督学采取单位推荐和市政府教育督导室提名相结合的办法，在征得本人同意后填写《北京市兼职督学申请表》。各单位对推荐对象的基本条件进行审核和综合评价，提出推荐意见，按要求将兼职督学推荐人选名单和《北京市兼职督学申请表》加盖公章后报送市政府教育督导室。

市政府教育督导室主任办公会确定兼职督学的拟聘人选，拟聘人选名单在北京教育信息网站上予以公示，公示期为 10 天。公示期满无异议的拟聘人选，由市政府教育督导室颁发北京市兼职督学聘任证书。

**第六条** 首次被聘任的兼职督学，应当接受由市政府教育督导室统一组织的任职培训。培训后经专业考核合格者方能上岗。

**第七条** 兼职督学在开展督导工作时与专职督学享有同等的职权。

兼职督学应当履行以下职责：

（一）检查国家教育法律、法规和规章的贯彻落实情况；

（二）指导学校按照教育方针和教育教学规律办学；

（三）撰写教育督导报告；

（四）参与研究制订教育督导文件；

（五）对教育决策提出咨询建议；

（六）完成市政府教育督导室交办的其他任务。

**第八条** 兼职督学在教育督导活动中享有以下权利：

（一）听取被督导单位报告情况，查阅相关文件、资料，对有关情况进行调查；

（二）参加被督导单位的教育、教学活动，列席有关会议；

（三）遇到危及师生人身安全、侵犯师生合法权益、扰乱正常教学秩序等紧急事态立即予以制止，及时向有关部门提出处置的意见；

（四）依照规定获得兼职督学工作补贴。

**第九条** 兼职督学应当履行以下义务：

（一）参加市政府教育督导室统一组织的督政、督学、调研和其他活动，依法履行督学职责，撰写督导报告和调研报告；

（二）认真学习教育法律、法规和教育政策，参与制定文件，开展教育督导科学研究；

（三）参加市政府教育督导室组织的督学任职培训。

**第十条** 未经市政府教育督导室批准，兼职督学不得独自开展督导工作，不得擅自发布督导结果及其有关内容。

**第十一条** 实施督导工作时，兼职督学与被督导单位有利害关系或者其他关系，可能影响公正执行教育督导公务的，应予回避。

**第十二条** 兼职督学实行年度考核和任期考核制度。市政府教育督导室对兼职督学进行年度考核和任期考核，并将考核结果通报本人。

**第十三条** 兼职督学不履行义务或不能完成督导任务的，由市政府教育督导室予以解聘。

**第十四条** 兼职督学因身体或其他原因不能坚持工作的，可向市政府教育督导室提出书面申请辞去兼职督学职务，市政府教育督导室批准后以书面形式通知本人或所在单位。

**第十五条** 本办法自下发之日起执行，北京市人民政府教育督导室负责对本办法的解释。1998 年 12 月制定的《北京市人民政府教育督导室关于聘请兼职督学的规定》同时废止。

# 参考文献

1. 陈锦堂. 社会工作督导经验学习导向［M］. 香港：巨流图书公司，2012：5-6.

2. 陈良瑾. 中国社会工作百科全书［M］. 北京：中国社会出版社，1994：427.

3. 东莞市民政局社会工作科. 社会工作本土督导人才能力框架研究［DB/OL］. http：//theory. swchinaorg/research/2014/0220/10620. shtml，2014.

4. 东莞市民政局. 东莞市社会工作督导人才选拔培养办法（试行）［Z］. 2011.

5. 东莞市民政局. 东莞市社会工作督导工作职责手册（试行）［Z］. 2011.

6. 东莞市现代社会组织评估中心、深圳市现代公益组织研究与评估中心. 2011 年度东莞市社会工作发展综合评估报告［R］. 2012.

7. 冯山. 可以断奶，不可断粮——写在“深圳计划”香港督导协议即将期满终止之际［J］. 中国社会工作，2012（20）：26-27.

8. 高艺多. 社会工作督导关系的情感联结：一项扎根理论研究［D］. 上海：华东师范大学，2017.

9. 郭炯. 职业能力研究的文献综述［J］. 高等职业教育，2009，18（2）：17-20.

10. 顾明远. 外国教育督导［M］. 北京：人民教育出版社，2002：151.

11. 何玉林，袁桂林. 美国教育督导的特征及其变革趋势［J］. 外国教育研究，2008（10）：44-45.

12. 黄其，刘媚. 社工督导本土化才是出路［N］. 南方都市报，2012-8-27.

13. 黄燕瑜，姜彤. 我国社会工作机构的督导制度现状分析及解决对策［J］. 山东青年，2012（6）：3-4.

14. 蒋乃平．对综合职业能力内涵的思考［J］．职业技术教育，2001，22（10）：18-20.

15. 冷琴．“成长向导计划”中关于社会工作督导的经验研究［D］．北京：中国青年政治学院．2010.

16. 李晓凤，等．社会工作督导的历史演进及其经验启示［J］．社会工作与管理，2015，15（6）：12-17.

17. 李晓凤. 学校社会工作［M］. 北京：中国社会出版社，2010：46-47.

18. 李映民，廖宴思，许哲伦．香港督导为东莞社会工作支招［N］．中新网，2010-3-20.

19. 李娅娅．境内外督导的对比研究——以济南A社会工作服务机构为例［D］．济南：山东大学．2014.

20. 廖荣利．社会工作学［M］．台北：先锋印刷公司，1984.

21. 刘斌志，沈黎．社会工作督导反思：学习成为有效的社会工作督导老师［J］．社会工作（学术版），2006（9）：15.

22. 李晓凤．社会工作督导——理论与实务及本土经验反思［M］．北京：中国社会出版社，2016.

23. 廖荣利，刘安屯．督导技术［M］．台北：张老师出版社，1982.

24. 卢兆荣．本土社会工作督导培育的五维模式［J］．中国社会工作，2017（5）：62.

25. 罗观翠，王军芳．政府购买服务的香港经验和内地发展探讨［J］．学习与实践，2008（9）：125-130.

26. 刘春霞．试论社会工作专业价值理念的培育［J］．信阳师范学院学报，2011，31（1）：42-45.

27. 刘斌志．20年来大陆社会工作教育研究综述——基于CNKI的文献分析［J］．社会工作（学术版），2009（1）：9-12.

28. 季钦．系统视角下社会工作实习督导模式的探讨［J］．社会工作，2010（2）：15-17.

29. 马林芳．社会工作教师专业化发展之方向——成为有效的督导［J］．社会工作，2010（7）：32-35.

30. 苗青青．社工职业倦怠的督导机制研究——以苏州为例［D］．苏州：苏州大学，2012.

31. 乔世东．社会工作督导的新趋势［J］．重庆城市管理职业学院学报，2007，7（1）：1-6.

32. 宋玉丽，等．社会工作理论——处遇模式与案例分析［M］. 台北：红叶文化事业有限公司，2009.

33. 史柏年，侯欣．社会工作实习［M］. 北京：社会科学文献出版社，2003.

34. 王思斌．试论我国社会工作本土化［J］．浙江学刊，2001（2）：56-61.

35. 王思斌．社会工作概论［M］．北京：高等教育出版社，2006.

36. 王思斌．社会工作综合能力（中级）［M］．北京：中国社会出版社，2015.

37. 王璐．教育督导与评价制度比较研究［M］．北京：人民教育出版社，2018.

38. 王淑贞．服务质量的领航——初探北市妇女机构中的督导制度［D］．台北：政治大学社会学研究所，2003.

39. 肖萍．社会工作实习教育模式的本土性探讨——资源概念的引入［J］．南京社会科学，2006（3）：103-109.

40. 许萍，曲晓辉．高级会计人才能力框架研究［J］．当代财经，2005（11）：99-103.

41. 徐明心，何会成．社会工作督导：理论、实践与反思［M］．香港：香港基督教服务处，2003 .

42. 徐明心．社会工作督导的渊源：历史检示［J］．邹学银，译．中国社会工作，1998（5）：28-29.

43. 徐明心．社会工作督导脉络与概念［M］．台北：心理出版社，2008.

44. 佃乾乾．社会工作督导面谈技巧入门［J］．中国社会工作，2018（12）：52-53.

45. 张书豪．再论外聘社工督导的作用到底有多大？［DB/OL］http：//theory. swchina. org/live/2017/0919/29919. shtmt，2017.

46. 沈黎．社工督导让专业教育注入现实活力［J］．社会工作，2007（7）：8-9.

47. 沈黎，王安琪．本土社会工作督导运作状况研究——基于上海社会工作实务界的探索性分析［J］．社会工作，2013（1）：86-97.

48. 苏兰花．社会工作者素质开发研究——基于上海市社会工作者的现状分析［D］．上海：华东师范大学，2006.

49. 史柏年．社会工作督导在儿童保护中的运用——以四川儿童友好家园项目为例［J］．中国社会工作，2012（16）：26.

50. 叶忠海．上海市基层城市社区工作者素质和培训研究总报告［C］．创建学习型城市的理论和实践，2005.

51.（美）伊丽莎白·雷诺兹·维尔福．心理咨询与伦理［M］．侯志瑾，等，译．世界图书出版公司，2010.

52. 余瑞萍．优势视角下的社会工作实习督导方法探索［J］．长江大学学报（社会科学版），2009，32（2）：155-156.

53. 周宏，付尚媛，梁楠．中国专业社会工作人才能力框架研究［J］．经济问题研究，2009（9）：103-109.

54. 周京．本土化社会工作督导制度建设思路与对策［J］．中国社会工作，2018（2）：29-30.

55. 朱旭，江光荣．工作同盟问卷的编制［J］．中国临床心理学杂志，2011，19（4）：449-453.

56. 朱祥磊．社工督导设计亟须体现“本土管理特性”［J］．中国社会工作，2012（30）：8.

57. 赵春晓．工作同盟的结构与测量［D］．武汉：华中师范大学，2017.

58. 张英．感受中国台湾地区社会工作督导的科学与艺术［J］．中国社会工作，2017（10）：55-56.

59. 张威．社会工作督导的理论与实践分析：国际发展与国内现状［J］．社会工作，2015（3）：9-21.

60. 章洁．项目社工督导模式研究［D］．济南：山东大学，2014.

61. 张洪英．中国社会工作督导的现状与未来发展［J］．中国社会工作，2017（4）：1.

62. 张洪英．中国社会工作督导研究的回顾与展望［J］．社会工作与管理，2017，17（4）：5-6.

63. 张洪英．中国社会工作实习督导模式的发展［M］．济南：山东人民出版社，2013.

64. 张书豪．督导修炼手册，台湾社工督导养成记．社工客，2017-10-09.

65. Holloway，E. 临床督导工作的理论与实务［M］．王文秀，等，译．成都：四川大学出版社，2006.

66. Kadushin & Harkness. 社会工作督导（第四版）［M］．郭名倞，等，译．北京：中国人民大学出版社，2008.

67. Peter Hawkins，Robin Shohet. 助人专业督导——个别、团体和组织取向［M］．王文秀，等，译. 台北：学富文化事业有限公司，2003.

68. Belardi，N. Supervision. Eine Einführung für soziale Berufe. Freiburg 1998.（2. Auflage），转引自张威．社会工作督导的理论与实践分析：国际发展与国内现状［J］．社会工作，2015，（3）：9-21.

69. Kreft，D. /Mielenz，I. （Hrsg.） Wörterbuch Soziale Arbeit. Juventa Verlag Weinheim und München. 2005，S. 941-945. 转引自张威．社会工作督导的理论与实践分析：国际发展与国内现状［J］．社会工作，2015（3）：9-21.

70. Barber，J. P.，Sharpless，B. A.，Klostermann，S.，& McCarthy，K. S.（2007）. Assessing intervention competence and its relation to therapy outcome：A selected review derived from the outcome literature. *Professional Psychology：Research and Practice*，38（5），493.

71. Bashook，P. G.（2005）. Best practices for assessing competence and performance of the behavioral health workforce. *Administration and Policy in Mental Health and Mental Health Services Research*，32（5），563-592.

72. Bernard，J. M.，2005. Tacing the development of clinical supervision. The Haworth Press，Inc.

73. Bernard，J. M.，& Goodyear，R. K.（2009）. Fundamentals of clinical supervision（$4^{th}$ed）. Boston，MA：Allyn & Bacon.

74. Bennett，Mohr，Holtz Deal，Hwang.（2012）. Supervisor Attachment，Supervisory Working Alliance，and Affect in Social Work Field Instruction. *Research on social Work Practice*. Vol. 23，No. 2，199-209.

75. Borders.（2009）. Subtle Messages in Clinical Supervision. The Clinical Supervisor，Vol. 28，No. 2，200-209.

76. Christiansen，Thomas，Kafescioglu，Karakurt，Lowe，Smith，Wit-

tenborn. (2011). Multicultural Supervision: Lessons Learned About an Ongoing Sturggle. *Journal of Marital and Family Therapy*. Vol. 37, No. 1, 109-119.

77. Dombeck, Brody. (1995). Clinical supervision: A three-way mirror. *Archieves of psychiatric Nursing*, 9, 3-10.

78. Duncan, B. L., Miller, S. D., Sparks, J. A., Claud, D. A., Reynolds, L. R., Brown, J., & Johnson, L. D. (2003). The Session Rating Scale: Preliminary psychometric properties of a "working" alliance measure. *Journal of Brief Theapy*, 3 (1), 3-12.

79. England, H. (1986). *Social Work as Art*, London: Allen and Unwin.

80. Falender, C. A., & Shafranske, E. P (2017). Competency-based Clinical Supervision: Status, Opportunities, Tensions, and the Future: Competency-based clinical supervision. Australian Psychologist, 52 (2), 86-93.

81. Falender, C. A., & Shafranske, E. P (2016). Supervision Essentials for the Practice of Competency-Based Supervision Kindle Edition.

82. Harding, T. and Beresford, P. (1996). The standards we expect: what service users and carers want from social workers, London: National Institute of Social Work.

83. Hatcher, R. L., & Lassiter, K. D. (2007). Initial training in professional psychology: The practicum competencies outline. *Training and Education in Professional Psychology*, 1 (1), 49.

84. Hansung Kim, Sun Young Lee. (2009). Supervisory Communication, Burnout, and Turnover Intention Among Social Works In Health Care Setting. *Social work in Health Care*. Vol. 48, No. 4, 364-385.

85. Holloway, E. L. (1995). Clinical Supervision: A Systems Approach. Thousand Oaks, CA: Sage.

86. Ingram, R. (2013). Locating emotional intelligence at the heart of social work practice. *British Journal of Social Work*, 43 (5), 987-1004.

87. Kaslow, Nadine J.; Rubin, Nancy J.; Bebeau, Muriel J.; Leigh, Irene W.; Lichtenberg, James W.; Kieran O' Donoghue. 2003, Restorying Social Work Supervision. Dunmore Press.

88. Lazar, Eisikovits. (1997) . Social Work Students' Preferences Regarding Supervisory Styles and Supervior's Behavior. *The Clinical Supervisor*. Vol. 16, No. 1, 25-37.

89. Measure. Counselor Education and Supervision. Vol. 55, No. 3, 159-181.

90. Miller, Ivey. (2006) . Spirituality, Gender, and Supervisory Style in Supervision. *Contemporary Family Therapy*. Vol. 28, No. 3, 323-337.

91. Miller, S. D., Duncan, B. L., Brown, J., Sparks, J. A., & Claud, D. A. (2003) . The outcome rating scale: A preliminary study of the reliability, validity, and feasibility of a brief visual analog measure. *Journal of Brief Therapy*, 2 (2), 91-100.

92. Muson, C., (1993) . Clinical social work supervision (2nd ed) . The Haworth Press, Inc.

93. Munro, E. R. (2011) . *Munro Review of Child Protection: A Child Centred System*, Norwich: Crown Copyright.

94. Morrison, T. (2007) . Emotional intelligence, emotion and social work: context, characteristics, complications and contribution. *The British Journal of Social Work*, 37: 245 - 263.

95. Nicholas Ladany, Loretta J. Bradle. (2010) . "Counselor Supervision", Routledge, 16.

96. Nelson, Paul D.; Portnoy, Sanford M.; Smith, I. Leon Roberts, (2007) . Guiding Principles and Recommendations for the Assessment of Competence. *Professional Psychology: Research and Practice*, 38 (5), 441-451.

97. Soheilian, Inman, Klinger, Isenberg, Kulp. (2014) . Multicultural supervision: supervisees' reflections on culturally competent supervision. *Counselling Psychology Quarterly*, 27 (4), 379-392.

98. Tangen, J. L., & Borders, D. A.. (2016) . The supervisory relationship: a conceptual and psychometric review of measures. *Counselor Education and Supervision*, 55 (3), 159-181.

99. Watkins. (2011) . Toward a Tripartite Vision of Supervision for Psychoanalysis and Psychoanalytic Psychotherapies: Alliance, Transference-countertransference configuration, and Real Relationship. Psychoanalytic Review. 98

(4), 557-590.

100. Tsui, M. S. (1997). The roots of social work supervision. *Clinical Supervisor*, 15 (2), 191-198.

101. The NASW Code of Ethics (2018). National Association of Social Workers NASW. NASW Press.

102. Nelson, Friedlander. (2001). A Close Look at Conflictual Supervisory Relationship, The Trainee' s Perspective. *Journal of Counseling Psychology*, 48 (4). 384-395.

103. Nicholas Ladany, Loretta J. Bradle. (2010). "Counselor Supervision", Routledge. 26-27.

104. Pisani, Ajna. (2005). Talk to Me: Supervisee Disclosure in Supervision. Smith College Studies in Social work. 75 (1), 29-47.

105. Smith, M. (2000). Supervision of fear in social work. a re-evaluation of reassurance. *Journal of Social Work Practice*, 14 (1), 17-26.

106. Yourman. (2003). Trainee Disclosure in Psychotherapy Supervision: The Impact of Shame. Journal of Clinical Psychology. 59 (5), 601-609.